Ⓒ 创新创业教育系列丛书

创新力开发

——大学创新教育的
路径选择与管理

孙昊哲 ◎ 著

首都经济贸易大学出版社

Capital University of Economics and Business Press

·北 京·

图书在版编目（CIP）数据

创新力开发：大学创新教育的路径选择与管理/孙昊哲著．
--北京：首都经济贸易大学出版社，2019.11
ISBN 978-7-5638-2923-1

Ⅰ.①创… Ⅱ.①孙… Ⅲ.①高等学校—创造教育—研究
Ⅳ.①G640

中国版本图书馆 CIP 数据核字（2019）第 046627 号

创新力开发——大学创新教育的路径选择与管理

孙昊哲　著

责任编辑·彭　芳

封面设计　砚祥志远·激光照排
TEL：010-65976003

出版发行　首都经济贸易大学出版社

地　　址　北京市朝阳区红庙（邮编 100026）

电　　话　（010）65976483　65065761　65071505（传真）

网　　址　http://www.sjmcb.com

E-mail　publish @ cueb.edu.cn

经　　销　全国新华书店

照　　排　北京砚祥志远激光照排技术有限公司

印　　刷　北京玺诚印务有限公司

开　　本　710 毫米×1000 毫米　1/16

字　　数　198 千字

印　　张　11.25

版　　次　2019 年 11 月第 1 版　2019 年 11 月第 1 次印刷

书　　号　ISBN 978-7-5638-2923-1

定　　价　45.00 元

序　言

本书是笔者于 2013 年出版的著作《"世纪之问"的思索——大学生创新素质培养模式研究》的修订本，然而两本书在框架结构、立论角度等方面均有所不同。《"世纪之问"的思索——大学生创新素质培养模式研究》主要针对大学生创新素质培养的问题立论，侧重阐述大学生学习能力的培养，或者说讲的是如何提升大学生在权变情境下重新架构知识的能力，以及如何开展教学和实践培养活动，最终实现素质教育的目的。迨至 2017 年，首都经济贸易大学出版社策划出版一套有关创新创业教育的丛书，出版社社长杨玲找到笔者，表示意在将《"世纪之问"的思索——大学生创新素质培养模式研究》纳入丛书中，让笔者整理修订，笔者欣然应允，并立即着手开展工作。在修订过程中，按照"创新创业教育系列丛书"的立意要求，以大学实施创新教育的路径选择和管理作为切入点，将创新力开发作为主要立论点和逻辑脉络，从理论支撑、模式构建、机理分析、评估评价、实证推演等方面谋篇布局，遂成本书。

除了有出版社社长杨玲盛情邀约外，修订本书尚有两点重要的理由：

其一，创新教育事业意义非凡，因而出版"创新创业教育系列丛书"意义重大。

当今世界风云变幻、波诡云谲，大国强权、弱肉强食的"丛林法则"在国际竞争中始终居于主导地位，始终伴随着国际社会的发展进程，导致各种形式的地区冲突、局部战争不断爆发，但是，在相对和平的国际环境下，国家间的经济竞争乃至抗争仍是国际博弈的主要方式和手段。国际经济竞争，乃至综合国力竞争，归根结底就是创新能力的竞争。历史的经验和教训告诫我们：谁能在创新上棋先一着，谁就能把握未来世界的命脉！

进入 21 世纪，中国不断地从国家层面强化创新发展战略。2006 年 2 月，国务院颁布《国家中长期科学和技术发展纲要》，提出"把建设创新型国家作为面向未来的重大战略选择"。2016 年 5 月，中共中央、国务院发布《国家创新驱动发展战略纲要》，开宗明义地提出：创新驱动发展是我国面向未来的一项重大战略。我国当前面临的贸易战所带来的切实压力、挑战甚至危机，愈发证明了习近平总书记相关论断的前瞻性，即："只有把核心技术掌握在自己手中，才能真正掌握竞争和发展的主动权，才能从根本上保障国家经济安全、国防安全和其他安全。不能总是用别人的昨天来装扮自己的明天。不能总是指望依赖他人的科技成果来提高自己的科技水平，更不能做其他国家的技术附庸，永远跟在别人的后面亦步亦趋。我们没有别的选择，非走自主创新道路不可。"

毋庸置疑，创新发展也好，创新驱动也罢，都需要大批的创新人才。培养具有创新能力和素质的创新人才，正是时代赋予高等教育的使命。将"创造学"引入人才培养和教育环节，实施创新教育，则是完成这一使命的必由之径。

创新教育是一个复杂的系统工程。事实上，就当今中国的高等教育现状而言，无论从完成创新人才培养的使命上看，还是从创新教育的实施效果上看，都不尽如人意！钱学森提出"世纪之问"，言犹在耳，对中国高等教育的字字拷问更是震颤人心。因此，以丛书的形式系统归纳、总结、梳理关于创新教育的理论与实践，是一件意义非凡、功德无量的事。笔者作为一个多年从事高等教育管理的工作者，对此责无旁贷。

其二，新的理论与实践对创新教育研究提出了更高的要求。

由于笔者理论水平不高、研究深度不够、工作时间有限等原因，《"世纪之问"的思索——大学生创新素质培养模式研究》一书出版得较为仓促。该书从布局谋篇到逻辑结构的搭建，从概念、观点的斟酌到文字表述，都存在诸多缺陷和漏洞，因此笔者也希望能通过修订弥补不足。

当笔者着手修订书稿时，基于对创新教育问题的进一步思考，发现旧有的框架已经不能适应日新月异的时代发展对高等教育不断提出的新要求与新挑战。重新布局谋篇，补充新的内容，特别是补进新时代的特征与要求，完善理论支撑，紧紧围绕大学创新教育的核心主题进行新的创作势在必行。这一想法也得到出版社社长杨玲的大力支持，她与笔者共同商定了本书的题目《创新力开发——大学创新教育的路径选择与管理》。如此一来，方向就明确了，但难度也加大了，因此，完成书稿的时间一拖再拖。

当然，除了主观上的惰性外，一些客观原因也造成此工作的拖延。其中，处理纷繁复杂的行政管理事务是主要原因。刚刚启动修订工作时，笔者接受党组织委派，赴河南省南阳市挂任市委常委、副市长，新的环境、新的岗位，更加繁忙的公务加大了写作的困难。但辩证地看，此次工作变动也使笔者能够深入地方经济社会发展的实践之中，更加深刻地体会和领悟创新驱动对于一个城市、一个区域发展是何等重要和关键。

以人口近 1 200 万的南阳市为例，没有创新驱动产业扶贫的新路径和新平台，全市 33.4 万贫困人口的脱贫之路就走不通，更走不远；没有创新驱动生态发展的新思路、新举措，作为南水北调核心水源地的南阳就难以很好地完成"保水质、富民生、促发展"的课题；没有创新驱动新旧动能转换，南阳作为传统工农业大市，就很难因地制宜地完成产业结构优化升级——创新驱动不但事关南阳发展出路，更事关历史积压的金融风险防范和化解。创新驱动需要城市的经营管理者勇于进取、推陈出新，需要成千上万具有创新精神的企业从业者辛勤耕耘、大胆探索，更需要"大众创业、万众创新"的社会氛围和精神动力。怎样将南阳 1 200 万庞大人口资源变成满足创新驱动发展需要的人力资源，怎样用南阳地区高校在校大学生人力资源的创新力解决制约南阳社会经济发展的创新驱动力不足的问题，怎样实现南阳社会经济发展的人力资源优化配置，都是南阳需要破解的重大课题。究其核心，仍在于"创新教育"四个字，这远比在学术著作中进行理论探讨复杂得多、困难得多。笔者幸有这样难得的工作经历为理论研究提供实践素材，本书也算是理论联系实际的成果。

在地处中原腹地、自古人杰地灵的南阳，虽有远离家人、亲朋的寂寞，也有工作的充实；虽有熬夜写作的辛苦，也有创作的快乐，而且这样的经历及最终所成是意义匪浅的。

谨以此为序。

孙昊哲

2019 年 9 月 9 日于南阳宾馆

目　录

1 创新教育：大学的使命

1.1 "世纪之问"的思索与大学的使命

1.1.1 "世纪之问"的由来

2005 年，著名科学家钱学森对前来看望他的时任国务院总理温家宝说："现在中国没有完全发展起来，一个重要原因是没有一所大学能够按照培养科学技术发明创造人才的模式去办学，没有自己独特的创新的东西，老是'冒'不出杰出人才。"2009 年 11 月 17 日，《文汇报》以《中国大学为何创新力不足》为题发表了钱学森的谈话，钱学森谈话中振聋发聩的发问，被人们称为"世纪之问"，并在中国社会产生了巨大的反响，光明网、新华网、人民网、求是理论网等各大网站纷纷转载《"钱学森之问"引发的思考》等多篇通讯。社会各界对于"世纪之问"的讨论不绝于耳，而且这种讨论并没有随着时间的推移而削弱，反而更热烈、更深入，甚至有很多学者围绕"世纪之问"的内涵和外延进行了大量的系统研究。事实上，多年来人们对"世纪之问"的讨论已经远远超过了它的初始之意，但它所反映的问题却越来越明确，即"世纪之问"反映了一个具有极强现实意义的教育问题。以钱学森的视角来看，我国的教育是存在问题的，"世纪之问"实际上以自问自答的方式点出了我国教育问题的关键所在，即杰出人才的缺乏和相关教育的缺失。

1.1.2 "世纪之问"问题指向之一：杰出人才缺乏

何谓杰出人才？杰出人才是什么样的人？这是每一个思索"世纪之问"的人首先发出的疑问。作为问题的客体，其内涵直接决定了人才培养目标的范畴。钱学森对国家需要的杰出人才曾经有过这样的论述："今天我们办学，一定要有加州理工学院那种科技创新精神，培养会动脑筋、具有非凡创造能力的人才。"显而易见，这里所说的杰出人才就是指各种类型的创新人才。

为什么钱学森忧虑我们的杰出人才也就是创新人才匮乏？我们可以先看看对创新人才的定义和特征描述。1980 年第 22 届国际心理学大会概括出创新人格 10 个方面的特征：独立性强，自信心强，敢于承担风险，具有好奇心，有理想抱负，不轻信他人意见，富有幽默感，易于被新奇事物所吸引，具有艺术的审美观，兴趣爱好既广泛又专一。结合这些特征，我国学术界的学者专家对创新人才给出了不同的理解和定义，其中较具代表性的阐释有两种：其一，创新型人才是指具有创造精神和创造能力的人，是相对于不思创新、缺乏创造能力的比较保守的人而言的，这同理论型、应用型、技艺型等人才类型的划分不是并列的，要求不论是哪种类型的人才皆须具有创造性。其二，所谓创造型人才，是指富于独创性，具有创造能力，能够提出、解决问题，开创事业新局面，对社会物质文明和精神文明建设做出创造性贡献的人。这种人才一般基础理论扎实、科学知识丰富、治学方法严谨、对未知领域勇于探索，同时具有为真理献身的精神和良好的科学道德，他们是人类优秀文化遗产的继承者，是最新科学成果的创造者和传播者，是未来的科学家者。概括言之，基本素质、知识能力以及创新成果构成了创新型人才的内涵，创新型人才所具备的特质是独有的、排他的，是其他人所不具备的。以此标准衡量我国杰出人才的培养现状，特别是结合国家社会发展对杰出人才的需求，无论是从存量还是从增量上看，杰出人才缺乏的结论是不言而喻的。

改革开放以来，中国经济连续多年高速增长，在大规模的基础知识和技能传授上取得了非凡的成就。中国学生在这些方面的平均水平比较高，即中国学生基础知识和技能的"均值"较高。在高等教育领域，这种基础知识和技能方面的高均值优势同样明显。这种教育优势对推动中国经济在低收入发展阶段的增长非常重要，因为它能够起到"模仿和改进"的"追赶"作用，特别是在与对外开放结合在一起的情况下，这种作用显得尤其明显。开放让我们看到了先进，加上我们的毕业生基础知识扎实、模仿能力强、执行力强，很快就缩小了与发达国家的差距。在制造业中，这种现象尤其明显，即使是服务业也一样。依靠引进先进的 IT 技术和管理流程，在超级市场收银、银行柜台服务、医院挂号和收费、出入关检查等重复性、规律性的大规模操作中，中国服务人员提供服务的速度和精准程度，甚至超过发达国家的服务人员。

但是，中国教育在注重培养基础知识和技能平均水平较高的人才的同时，也存在着"缺少拔尖创新人才"的突出问题，即与"均值高"同时出现的另一个现象是"方差小"。"均值"衡量的是一个随机变量的平均数。"方差"是统计学的概念，衡量的是一个随机变量偏离平均数的程度。简单来说，"方差小"意味着"出众人才稀少"，意味着"拔尖创新人才稀少"。

杰出人才的出现是小概率事件。如果说"天赋"的分布在不同人种之间没有太大差别的话，那么出现拥有天赋的杰出人才的数量就应该与人口的数量正相关。中国有近 14 亿人口，但是至今中国学者凭借在中国内地的研究获得诺贝尔科学奖的也仅有屠呦呦一人。将中国的情况与印度相比就能发现问题所在，两国的人口基数相差不大，且印度的人均收入水平低于中国，其教育的平均水平也落后于中国，但是印度在培养杰出人才方面表现得比中国出色。例如，全球著名商学院，如哈佛大学商学院、芝加哥大学商学院、康奈尔大学商学院、华盛顿大学商学院的现任院长都是印度裔；全球著名跨国公司，如微软、百事、德意志银行、万事达卡的现任首席执行官（CEO）也都是印度裔。目前尚无中国人担任该类商学院院长和跨国公司的首席执行官。

1.1.3 "世纪之问"问题指向之二：教育的缺失

"世纪之问"在阐明创新型杰出人才缺乏的同时，也指出了造成这种结果的原因，就是教育的缺失。其逻辑在于教育是培养杰出人才的渠道，学校是"生产"创新型人才的"加工厂"，教育的缺失必然导致创新型杰出人才缺乏。对于这一问题，客观而言，应当从两个层面解读：其一，将杰出人才缺乏完全归结于教育缺失，教育似有不堪承受之重。当然，从"钱学森之问"论述的字面上看，杰出人才是客体，主体是"我们的学校"。但从深层角度看，钱学森绝不可能将杰出人才培养的主体片面地归结为我国的学校，更不会单纯地将培养主体归结为我国的教育。现在的人都不是孤立而单一的人，而是社会人。人的生活、工作、学习不仅受自身因素影响，同时也受社会、自然等外在因素的影响。因此，肩负培养"杰出人才"重任的主体除了实际意义上我国各阶段的教育机构外，还包括国家、社会、家庭以及学生个体等。其二，教育在创新型人才培养方面的责任和使命重大，教育的缺失也必然是导致创新型人才缺乏的重要原因，教育因此难辞其咎。

中国的人才缺乏创造力、缺乏领导力、缺乏影响力，很大程度上与教育存在的缺陷有关。杰出人才是在宽松有利的教育环境中成长起来的，因此，创造有利于激发学生想象力和创新精神的教育环境具有重要意义。

哈佛商学院院长尼廷·诺里亚 2015 年在一次接受采访时被问及最害怕什么事情发生在自己身上时，给出的答案是"失去好奇心"。当世界顶级商学院的院长时刻担心自己失去好奇心的时候，我们国家的教育却在不断扼杀学生的好奇心和想象力，在个性发展受到压抑的情况下，人与人之间的差别就减少了。

钱颖一在 2010 年清华大学本科生开学典礼上曾强调中国学生缺乏好奇心、想象力和批判性思维能力。这段讲话被广泛传播，观点得到了广泛认同。好奇心和想象力部分来自天生，至少有一些人是这样，在中国，很多情况下受教育越多，好奇心和想象力就变得越少，正是我们的教育把人先天的好奇心和想象力给"扼杀"了。再加上学生的批判性思维能力得不到培养，学生具有创新性就成为奢望。

因此，我国教育的突出问题是学校的教育理念与教育制度存在缺陷，导致"扼杀"潜在的杰出人才的问题。在好奇心和想象力被扼杀，在个性发展受压抑的情况下，人与人之间的差别就减少了。我国培养出的人才的"方差"小，不是先天的，而是后天因素所致。

1.1.4 钱学森眼中理想的教育状态

很显然，钱学森对于杰出人才及中国教育问题的思考并不是只停留在提出"世纪之问"的层面，而是有深入的思考和全面的阐述。早在 1989年，钱学森在《要为 21 世纪社会主义中国设计我们的教育事业》一文中就谈到教育事业改革问题。2005 年 7 月 29 日，钱学森借温家宝探望之机表达了对中国教育的忧虑。钱学森去世之后，其秘书涂元季将钱学森生前关于教育问题的谈话进行整理，并以《钱学森最后一次谈话：中国大学缺乏创新精神》为题在人民日报发表文章。首先，从钱学森的历次表述中我们可以看出，钱学森是在用陈述的口吻谈中国现有大学办学模式培养不出创新型人才这个事实，并且详细阐释了个中缘由。其次，钱学森介绍加州理工学院的办学经验，从侧面反映了我国大学教育存在一定的问题。这里，笔者较完整地引用钱学森谈论加州理工学院的一段话，进行原汁原味的比较，相信读者能体会到其中的深刻道理。

今天找你们来，想和你们说说我近来思考的一个问题，即人才培养问题。我想说的不是一般人才的培养问题，而是科技创新人才的培养问题。我认为这是我们国家长远发展的一个大问题。

今天，党和国家都很重视科技创新问题，投了不少钱搞什么"创新工程""创新计划"等，这是必要的，但我觉得更重要的是要具有创新思想的人才。问题在于，中国还没有一所大学能够按照培养科学技术发明创造人才的模式去办学，都是些人云亦云、一般化的，没有自己独特的创新东西，受封建思想的影响，一直是这个样子。我看，这是中国当前的一个很大问题。

最近我读《参考消息》，看到上面讲美国加州理工学院的情况，使我想起我在美国加州理工学院所受的教育。

我是在20世纪30年代去美国的，开始在麻省理工学院学习。麻省理工学院在当时也算是鼎鼎大名了，但我觉得没什么，一年就把硕士学位拿下了，成绩还拔尖。其实这一年并没学到什么创新的东西，很一般化。后来我转到加州理工学院，一下子就感觉到它和麻省理工学院很不一样，创新的学风弥漫在整个校园，可以说，整个学校的一种精神就是创新。在这里，你必须想别人没有想到的东西，说别人没有说过的话。拔尖的人才很多，我得和他们竞赛，才能跑在前沿。这里的创新还不能是一般的，迈小步可不行，你很快就会被别人超过。你所想的、做的，要比别人高出一大截才行。那里的学术气氛非常浓厚，学术讨论会十分活跃，互相启发，互相促进。我们现在倒好，一些技术和学术讨论会还互相保密，互相封锁，这不是发展科学的学风。你真的有本事，就不怕别人赶上来。我记得在一次学术讨论会上，我的老师冯·卡门讲了一个非常好的学术思想，美国人叫"good idea"，这在科学工作中是很重要的。有没有创新，首先就取决于你有没有一个"good idea"。所以马上就有人说："卡门教授，你把这么好的思想都讲出来了，就不怕别人超过你？"卡门说："我不怕，等他赶上我这个想法，我又跑到前面老远去了。"所以我到加州理工学院，一下子脑子就开了窍，以前从来没想到的事，这里全讲到了，讲的内容都是科学发展最前沿的东西，让我大开眼界。

我本来是航空系的研究生，我的老师鼓励我学习各种有用的知识。我到物理系去听课，讲的是物理学的前沿，原子、原子核理论、核技术，连原子弹都提到了。生物系有摩根这个大权威，讲遗传学，我们中国的遗传学家谈家桢就是摩根的学生。化学系的课我也去听，化学系主任 L. 鲍林讲结构化学，也是化学的前沿。他在结构化学上的工作还获得诺贝尔化学奖。以前我们科学院的院长卢嘉锡就在加州理工学院化学系进修过。L. 鲍林对于我这个航空系的研究生去听他的课、参加化学系的学术讨论会，一点也不排斥。他比我大十几岁，我们后来成为好朋友。他晚年主张服用大剂量维生素的思想遭到生物医学界的普遍反对，但他仍坚持自己的观点，甚至和整个医学界辩论不止。他自己就每天服用大剂量维生素，活到93岁。加州理工学院就有许多这样的大师、这样的怪人，决不随大流，敢于想别人不敢想的，做别人不敢做的。大家都说好的东西，在他看来很一般，没什么。没有这种精神，怎么会有创新！

加州理工学院给这些学者、教授们，也给年轻的学生们提供了充分的学术权力和民主氛围。不同的学派、不同的学术观点都可以充分发表。学生们也可以充分发表自己的不同学术见解，可以向权威们挑战。过去我曾讲过我在加州理工学院当研究生时和一些权威辩论的情况，其实这在加州理工学院是很平常的事。那时，我们这些搞应用力学的，就是用数学计算来解决工程上的复杂问题。所以人家又管我们叫应用数学家。可是数学系的那些搞纯粹数学的人偏偏瞧不起我们这些搞工程数学的。两个学派常常在一起辩论。有一次，数学系的权威在学校布告栏里贴出了一个海报，说他在什么时间什么地点讲理论数学，欢迎大家去听讲。我的老师冯·卡门一看，也马上贴出一个海报，说在同一时间他在什么地方讲工程数学，也欢迎大家去听。结果两个讲座都大受欢迎。这就是加州理工学院的学术风气，民主而又活跃。我们这些年轻人在这里学习真是大受教益，大开眼界。今天我们有哪一所大学能做到这样？大家见面都是客客气气，学术讨论活跃不起来。这怎么能够培养创新人才？更不用说大师级人才了。

有趣的是，加州理工学院还鼓励那些理工科学生提高艺术素养。我们火箭小组的头头马林纳就是一边研究火箭，一边学习绘画，他后来还成为抽象派画家。我的老师冯·卡门听说我懂得绘画、音乐、摄影这些方面的学问，还被美国艺术和科学学会吸收为会员，他很高兴，说你有这些才华很重要，这方面你比我强。因为他小时候没有我那样的良好条件。我父亲钱均夫很懂现代教育，他一方面让我学理工，走技术强国的路；另一方面又送我去学音乐、绘画这些艺术课。我从小不仅对科学感兴趣，也对艺术有兴趣，读过许多艺术理论方面的书，像普列汉诺夫的《论艺术》，我在上海交通大学念书时就读过了。这些艺术上的修养不仅加深了我对艺术作品中那些诗情画意和人生哲理的深刻理解，也让我学会了艺术上大跨度的宏观形象思维。我认为，这些东西对启迪一个人在科学上的创新是很重要的。科学上的创新光靠严密的逻辑思维不行，创新的思想往往开始于形象思维，从大跨度的联想中得到启迪，然后再用严密的逻辑加以验证。

像加州理工学院这样的学校，光是为中国就培养出许多著名科学家。钱伟长、谈家桢、郭永怀等，都是加州理工学院出来的。郭永怀是很了不起的，但他去世得早，很多人不了解他。在加州理工学院，他也是冯·卡门的学生，很优秀。我们在一个办公室工作，常常在一起讨论问题。我发现他聪明极了。你若跟他谈些一般性的问题，他不满意，总要追问一些深刻的概念。他毕业以后到康奈尔大学当教授。因为卡门的另一位高才生西尔斯在康奈尔大学组建航空研究院，他了解郭永怀，邀请他去那里工作。郭永怀回国后开始在力学所担任副所长，我们一起开创中国的力学事业。后来搞核武器的钱三强找我，说搞原子弹、氢弹需要一位搞力学的人参加，解决复杂的力学计算问题，开始他想请我去。我说现在中央已委托我搞导弹，事情很多，我没精力参加核武器的事了。但我可以推荐一个人——郭永怀。郭永怀后来担任九院副院长，专门负责爆炸力学等方面的计算问题。在我国原子弹、氢弹问题上他是立了大功的，可惜在一次出差中因飞机失事牺牲了。那个时候，就是这样一批有创新精神的人把中国的原子弹、氢弹、导弹、卫星搞起来的。

今天我们办学，一定要有加州理工学院的那种科技创新精神，培养会动脑筋、具有非凡创造能力的人才。我回国这么多年，感到中国还没有一所这样的学校，都是些一般的，别人说过的才说，没说过的就不敢说，这样是培养不出顶尖帅才的。我们国家应该解决这个问题。你是不是真正的创新，就看是不是敢于研究别人没有研究过的科学前沿问题，而不是别人已经说过的东西我们知道，没有说过的东西我们就不知道。所谓优秀学生就是要有创新。没有创新，死记硬背，考试成绩再好也不是优秀学生。

我在加州理工学院接受的就是这样的教育，这是我感受最深的。回国以后，我觉得国家对我很重视，但是社会主义建设需要更多的钱学森，国家才会有大的发展。

我说了这么多，就是想告诉大家，我们要向加州理工学院学习，学习它的科学创新精神。我们中国学生到加州理工学院学习的，回国以后都发挥了很好的作用。所有在那学习过的人都受它创新精神的熏陶，知道不创新不行。我们不能人云亦云，这不是科学精神，科学精神最重要的就是创新。

我今年已90多岁了，想到中国长远发展的事情，忧虑的就是这一点。

1.2 创新教育：大学的历史使命与时代担当

1.2.1 互联网时代对创新人才培养的新挑战

当我们还在为钱学森"世纪之问"寻求破解之道的时候，历史的车轮已经飞快驶入了 21 世纪，互联网时代已经到来，我们在惊叹网络科技给世界带来精彩纷呈变化的同时，也发现 20 世纪的"世纪之问"谜题还未被破解，而互联网时代给创新人才带来的一系列更大挑战却纷至沓来！

从农耕时代到工业时代再到信息时代，技术力量不断推动人类创造新的世界。互联网，正以改变一切的力量，在全球范围掀起一场影响人类所有层面的深刻变革，人类正站在一个新的时代前沿。在互联网时代，以移动互联网、物联网、云计算、大数据为代表的信息技术推动全球新一轮的技术革命，并由此催生经济社会发展新形态。互联网构建了一种新的生活方式与商业模式，互联网的应用如同第二次工业革命中电的应用一样，为我们构建了新的社会秩序。

互联网意味着什么？互联网是人类通过各种技术建立的全球性信息交换系统，它连接了一切可连接的人与物，彻底改变了信息的流通与组织方式，作为一种全球性的基础设施，互联网不断改变着人类社会的方方面面，从社会群体的组织方式、分工方式，到沟通方式，再到意识形态和商业逻辑，每一处都在以惊人的速度和力度发生着深远的变革。

互联网时代的特征是什么？我们很难归纳！难就难在它的变化太快，快到我们的认知往往跟不上互联网科技给社会带来的变化。比尔·盖茨说："对于互联网时代我们犯下的错误是，过于高估一件事情在最近一两年的变化，过于低估它在未来五到十年内的影响。"马化腾在总结互联网的特点时也说："我们感觉到最关键的一个字，就是'变'，而且这个变化永远是我们计划追不上的。"

互联网时代对创新人才的挑战是什么？主要表现在两个方面：一是新增了网络时代复合型行业和人才；二是对传统行业给予颠覆性冲击和改变，对人才有了新需求。随着时代的发展，新兴职业甚至产业会不断涌现。这是在传统产业中从未出现过甚至难以想象的，随之而来的就是对新兴职业从业人员的技能和素质提出的全新要求。普遍认为，适应互联网经济，特别是满足这些新兴职业的从业需求，应当至少具备这些技能和素质：①专业能力——从事具体工作的业务能力；②方法能力——利用一定的方法解决问题的能力；③社会能力——较高的思想政治素质和道德品质，较强的法治意识、诚信意识、团队意识和人际交往意识；④个人能力——良好的身体素质和心理素质，健康的体魄和良好的心理自我调节能力，科学的信念、坚韧的毅力和奋发向上的精神，良好的职业道德修养，可持续发展的观念，良好的科学素养。"互联网+"时代的到来，使金融、医药、教育等传统行业也发生了巨大变化，其人才需求仅靠传统行业的从业人员已远远得不到满足。一般来讲至少两类人员必不可少：一类是互联网技术类人才，也就是能为行业"插"上"互联网翅膀"的人，包括程序员、算法工程师、数据挖掘等方面的人才；另一类是互联网应用类人才，也就是能驾驭"互联网翅膀"，让传统行业"飞"起来的人才。要求这些人才对行业本质的模式有深刻理解，同时善于学习，善于灵活运用知识，能够制定更及时、更全面、更深度的信息升级战略、策略。总的来讲，这类人才应当是集业务知识、网络信息技术、市场营销等多种知识技能于一体的"互联网复合型人才"。因为，"互联网+"时代实现信息透明化，打破了原有的信息不对称的格局，需要从业人员能够更好地整合资源，使资源利用最大化。另外，"互联网+"对不同行业渗透后演绎出不同的商业模式，带来商业模式的多样化。因此，"互联网+"时代，需要的是能同时理解两个及以上行业商业逻辑，并能实现求同存异的跨行业线上线下复合型人才。

互联网并非一剂万能药，唯有实现互联网与产业的创新融合，发挥"1+1>2"的效应，才能让二者成为密不可分、互相促进的有机整体，从而迸发出新的活力，然而走这条创新融合之路还面临诸多挑战。互联网的发展也正在推动新一轮工业革命。产业体系正经历着一场前所未有的转型变革：利用信息技术加强系统间的集成和互联互通，实现网络化、智能化、融合化深度发展，从而改变传统的生产模式，提高管理水平和生产效率。互联网引发众多行业大融合、大变革，足以使未来的产业结构焕然一新。"互联网+"是一种全新的经济形态，其将互联网技术、成果、思维深度融合于传统经济社会的各个领域，以降低成本、提高效益，激发实体经济的创新力和生命力。关键技术亟待突破、生态环境系统亟待建立、网络亟待全面升级等一系列问题，是互联网时代对创新人才的培养提出的新的要求。创新的事业必须由创新的人才来干，人才是创新的核心要素。习近平总书记指出："人是科技创新最关键的因素。创新的事业呼唤创新的人才。我国要在科技创新方面走在世界前列，必须在创新实践中发现人才、在创新活动中培育人才、在创新事业中凝聚人才。"人才的培养是一个漫长的过程，需要大量的投入，需要营造全社会尊重人才的氛围，需要创新创业的舆论支持和良好的人才成长环境，需要跨国和跨学科的合作与交流，需要形成一个强大的人才资源库。创新人才的培养离不开高等教育，高校只有不断激发学生的创造力和创新精神，才能培养出"互联网+"时代所急需的人才。

1.2.2 创新驱动发展战略对创新人才培养提出的新要求

创新驱动发展战略既是顺势而为，也是别无选择。党的十八大提出要实施创新驱动发展战略，强调科技创新是提高社会生产力和综合国力的战略支撑，必须摆在国家发展全局的核心位置。党的十八届五中全会把创新作为五大发展理念之首，提出创新是引领发展的第一动力，必须把发展基点放在创新上，塑造更多依靠创新驱动、更多发挥先发优势的引领型发展。习近平总书记多次对实施创新驱动发展战略做出系统阐述，强调要把创新驱动发展作为面向未来的一项重大战略，抓好顶层设计和任务落实，找准世界科技发展趋势，找准我国科技发展现状和应走的路径，提出切实可行的发展方向、目标、工作重点。李克强总理也曾多次强调，要依靠创新驱动，推动经济保持中高速增长、迈向中高端水平。

创新驱动发展对于政府管理也是前所未有的新命题。2016 年 5 月 20 日，中共中央、国务院发布《国家创新驱动发展战略纲要》（以下简称《纲要》），指出创新驱动发展是我国面向未来的一项重大战略，科技创新必须摆在国家发展全局的核心位置。《纲要》是新时期推进创新工作的纲领性文件，是建设创新型国家的行动指南，具有非常重大的现实意义和深远的历史意义，是对创新驱动发展战略进行的顶层设计和系统谋划；《纲要》明确了未来 30 年创新驱动发展的目标、方向和重点任务，是新时期推进创新工作的纲领性文件，是建设创新型国家的行动指南，具有非常重大的现实意义和深远的历史意义。

当然，创新驱动发展对于人才培养也是新命题。创新驱动发展是立足全局、面向全球、聚焦关键、带动整体的国家战略，而不是短期、局部的战略。这是中国共产党作为执政党在我国发展关键时期做出的关键决策，契合我国发展的历史逻辑和现实逻辑。当前我国正处于经济转型时期，实施创新驱动发展战略，占领科技高地是实现成功转型的必经之路。创新驱动发展要求各个领域配备富有创新能力的拔尖人才，我国教育的现状与人才类型不匹配的问题要求我们改变人才培养模式，建立有助于创新人才成长的教育模式。

我们再回归到"世纪之问"的命题，钱学森认为中国的教育应该能够培养出杰出人才，并且这些人才能够为社会发展所用。他之所以提出"世纪之问"，是因为他看不到中国教育体制下培养的人才。钱学森希望大学能够按照培养科学技术发明创造人才的模式去办学，大学能够在办学过程中形成自己独特的创新的东西，这些独特的创新的东西能够激发学生并挖掘他们的潜能，让学生受独特、创新东西的影响去开动脑筋。同时他也认为，教育离不开对现实问题的思考，高校在培养学生的时候也要有意与现实连接，能够使学生了解当下社会和自身使命，学生通过对现实问题的思索不断去完善自我，从而培养学生承担对时代和社会的责任。当然，钱学森认为大学教育还应该思想开放、学术自由，只有在这样的环境下才能为有志之士提供可以施展的舞台，让他们接受不同思想的洗礼，从而迸发出更有意义的思考，为国之强盛助力。总而言之，破解"世纪之问"的历史课题，对于大学而言，路径只有一条——实施创新教育。

1.3　中外大学创新教育的理论与实践简要梳理

1.3.1　国外大学生创新研究理论与实践

20 世纪 30 年代美籍奥地利经济学家熊彼特首次提出"创新"概念，经过半个多世纪的理论研究与实践，"创新"已被广泛应用。到 20 世纪 70 年代，国外大学兴起创新教育改革的浪潮，由此高等教育（创新教育）改革迈出了第一步。

美国教育家蒂莫·科施曼（1995）认为，在实施创新教育中，最重要的因素是教师应不断扩充知识面。古尔吉（1998）提出培养学生的"超认知能力"是实施创新教育的基础。美国教育家阿玛拜尔提出创造力的"三成分论"，即创造力由知识基础、认知风格和人格因素三种成分组成。斯坦伯格提出创造力的"三面模型"，即智能层面、智能风格层面和人格层面，并分析了它们的相互关系及相互作用。德国教育学家戈特弗里德·海纳特（1998）强调教育情境是学生成才不可缺少的因素，认为父母是开发创新力最重要的因素，家庭中轻松、活泼、无拘束的气氛有助于学生创新能力的发展。美国心智发展学者约翰·钱斐（2001）提出了培养创新能力的五种方法：全面深入探讨创造性的环境，尽力开发脑力资源最佳状态，努力促进产生创造性思想火花，预留创造性思想的酝酿时间，及时捕获与跟踪创造性思想火花。

在理论基础上，美国、英国、日本、德国等国都在高校中积极推行创新教育，培养学生的创新力。美国的高等教育崇尚思想开放，包容性强，鼓励学生标新立异、创造性思考，并有种类众多的创新教育方法，诸如"任务教学法""独立学习法""个性教学法""案例教学法"等已经被广泛使用；英国的高等教育以独特的校园文化和高质量著称，自由和独立贯穿于教育全过程，形成一套系统的管理体系和人才培养模式；日本的高等教育特别重视对学生进行思维训练，使学生不断提高创造力，把培养综合应用型人才作为高等教育的目的；在以严谨闻名于世的德国，其高等教育在保持严谨务实的教育理念基础上，积极推进大学教育改革，以跨学科教学和研究为突破点，培养学生的创造性思维和创新能力。

美国伯顿·克拉克在他的专著《研究生教育的科学研究基础》和《探究的场所——现代大学的科研和研究生教育》中，以德国、美国、英国、法国、日本五国为例，介绍了各国研究生教育制度的基本特征、科研基础和科研与教学相结合原则的实践情况，通过比较，显示出各国研究生教育的主要特征。

国外关于研究生教育的研究，注重按照学科差别对研究生进行分类，以探讨不同专业研究生的教育模式。例如：《研究生教育失败的新视角》和霍伯曼、迈力克的《美国的专业教育》，这两部著作对不同学科的研究生教育从历史、现状和问题的角度进行了剖析；欧内斯特·吕德的《高等教育：英国的研究生教育研究》和克利夫顿的《悄然成功：美国的硕士研究生教育》这两部著作分别详细介绍了英国和美国的研究生教育情况；研究生教育评估制度研究及体系构建课题组（2015）在其研究报告《国外研究生教育评估制度研究》中，对美国、英国、德国、法国、俄罗斯、澳大利亚、日本、印度、韩国等多国的研究生教育评估进行研究，总结国外研究生教育的经验。

1.3.2 我国大学生创新研究理论与实践

在国内，大批学者围绕大学生创新能力开展研究，在一定程度上促进了创新教育理论的发展, 使之成为指导实践的重要工具。

围绕创新能力, 国内的学者从不同的角度提出了不同观点: 以张宝臣、李燕等为代表的学者, 认为创新能力是个体运用一切已知信息, 产生某种独特、新颖、有社会或个人价值的产品的能力; 以安江英、田慧云等为代表的学者, 认为创新能力是对已有知识的获取、改组和运用, 包含对新思想、新技术、新产品的研究与发明两部分; 以宋彬、庄寿强等为代表的学者, 认为创新能力应具备的知识结构包括基础知识、专业知识、工具性知识以及综合性知识四类。

陈龙健、兴丽等 (2009) 在《浅谈当代大学生创新能力的培养》一文中提出了创新能力的新内涵, 将创新能力归纳为人们革旧布新和创造新事物的能力, 是人类大脑思维功能和社会实践能力的综合体现; 他们在文章中, 将影响大学生创新能力培养的因素归纳为内外两个因素, 内因指创新思维、心理素质, 外因包括教学模式、校园文化、教师素质等。陈林海等 (2014) 提出: "创新能力" 是指具有创新潜能的个体通过自身努力而创造出被社会认可的有价值作品的能力, 这种 "创新能力" 体现在有价值的成果上; "创新潜能" 则强调是否具备学习和研究的能力, 强调通过大学培育形成专业领域的知识结构和实践技能, 进而拥有创新作品的潜能。

姚玉环 (2005) 在《制约大学生创新能力发展的教学因素及改革路径》一文中指出, 除教育机制、社会环境、校园学术文化氛围、大学生个人素质等因素外, 教学作为培养创新能力的主要渠道, 对创新能力的培养影响巨大。胡效亚 (2010) 认为, 除了高校培养方式、科研环境、文化传统的负面影响制约着大学生创新能力的养成外, 中小学阶段薄弱的创新基础也是影响大学生创新能力发展的间接原因。

关于大学生创新能力培养的方式, 张贺、安茂香等提出了培育大学生创新思维与理念的不同方案。张贺 (2004) 在《大学生创新能力的培养路径》一文中提出, 培养创新能力需要将接受学习与发现学习相结合, 通过发现学习, 大学生自主地确定具体的问题, 并在学习过程中利用发散性思维和非逻辑思维分析、探讨和解决问题, 从而培养创新思维和实施创新能力训练。安茂香 (2005) 在《大学生创新能力的培养》一文中提出, 培养大学生的创新能力是包含树立创新教育理念、加强学科建设、创设有利于创新人才成长的校园文化环境、强化实践教学环节、开展科技创新活动、改革考核制度在内的系统工程。郑裕东等 (2014) 根据创造力三维模型理论, 构建了以低年级课堂教学为引导、大学生科技创新训练 (SRTP) 为平台、科研实践活动为载体的"三位一体"大学生创新能力培养模式。

关于大学生创新能力的评价，众多学者在指标体系的选择、指标的量化等方法上进行了研究。邓成超（2006）在《大学生创新素质的量化评价》一文中，从系统论的角度，以创新能力为核心，构建了大学生创新素质的评价体系，把创新素质分解为创新意识、创新能力、创新个性三项一级指标。韦玮（2007）在《略论大学生创新能力评测体系的构建》一文中，将大学生的创新能力分解为创新意识、创新素质和创新能力三个方面，其中，创新意识包括创新思维和创新人格，创新素质包括人文素养水平和创新知识背景，创新能力包括科研创新能力、创业能力、职业技能。郑晓燕等（2014）在《基于层次分析法的经管类专业大学生创新创业能力综合评价分析》一文中，运用创新思维能力、创新知识能力、创新创业实践能力和非智力因素四个指标对经管类大学生的创新创业能力进行衡量。李军红（2017）在《大学生创新能力评价与培养研究》一文中，从创新意识、创新知识基础、创新学习能力、创新思维能力、创新技能和创新环境六个方面对大学生的创新能力进行评价。

我国研究高等教育的著名学者薛天祥（2001）对研究生教育这一概念进行了细致的注解。他认为，研究生教育包含关于研究生教育本质规定性的两层意思：一是研究生教育是一种专业教育，是建立在本科教育基础上的更高层次的专业教育，是建立在二级学科基础上的专业教育，以专业为基本单位开展教育教学活动；二是研究生教育具有以研究为目的的主要特征，研究生教育应瞄准在本学科、专业领域提高研究能力和培养创新能力[①]。

高等教育学的拓荒者潘懋元提出，研究生培养应建立在高起点基础上，要求生理和心理已成熟的研究生在专业方向上有更深入的探索，努力实践以取得创新成果[②]。

李盛兵对研究生培养模式的内涵和类型进行了研究和阐释。陈学飞等从国别的角度提出了研究生培养的国家模式。程斯辉等人则将研究生培养模式分为政府主导型模式、高校（培养单位）主导型模式、学科专业单位主导型模式、导师主导型模式、研究生主导型模式和用人单位主导型模式

---

① 薛天祥. 研究生教育系统、目的和管理［J］. 现代大学教育，2001（4）.
② 潘懋元. 潘懋元论高等教育［M］. 福州：福建教育出版社，2007.

等六种类型①。刘晔认为，当前我国研究生创新能力培养机制中普遍存在创新意识培养缺乏、研究生导师责任心不强、研究生培养经费严重不足等问题，建议加大校际和校企合作力度，从系统工程角度开展研究生培养机制改革②。贺小桐等认为，研究生创新能力培养应遵循学校教育和社会实践并重、专业教育和通识教育并重、人才实用性和科学纯粹性并重、科学精神和人文情怀并重的原则③。

---

① 程斯辉，詹健．研究生培养模式研究的新视野 ［J］．清华大学教育研究，2006（5）．

② 刘晔．高校研究生创新能力培养机制改革研究 ［J］．东北师范大学学报：哲学社会科学版，2014（1）．

③ 贺小桐，汤书昆．我国高校研究生创新能力培养的机制、原则与模式：以创新型社会发展需求为视角 ［J］．研究生教育研究，2015（5）．

2 创新力开发：人力资源视角的创新教育路径选择

2.1 大学生人力资源的提出

2.1.1 人力资源的概念

1919 年，人力资源（Human Resources）的概念首先由康芒斯提出，在其著作《产业信誉》中，康芒斯首次使用"人力资源"这一概念，但此时的人力资源概念与现代人力资源概念存在着较大的差距。直到 1954 年《管理实践》一书出版，著名管理学大师彼得·德鲁克才正式提出现代人力资源的概念，以他为代表的一批学者，极大地促进了人力资源研究的发展。直至今日，人力资源的重要功能日益凸显，对人力资源的相关研究也日益增多。

所谓人力资源，是指在某一考察范围内的全部人口中所蕴藏的劳动能力的总和，也称为劳动力资源。与其他资源相比，人力资源具有以下特性：①能动性。人力资源在经济活动中总是处在主导地位，控制和主宰着其他资源的开发与利用。②时效性。人力资源的使用具有一定的时效性，不能无限期储备。从个体来看，劳动者的工作寿命和劳动能力都要受人的自然生命过程及不同生命阶段制约；从总体来看，人力资源的构成，特别是年龄构成，总会随着时间的推移而发生变化。人力资源的时效性意味着，如果不及时进行开发和利用，就会造成人力资源的损失和浪费①。

2.1.2 大学生人力资源的内涵

大学生人力资源是指处于在高校求学阶段，尚未但即将跨入社会独立

---

① 胡代光，高鸿业．西方经济学大辞典［M］．北京：经济科学出版社，2000：778.

工作和生活的青年人力资源①。从人力资源的构成来说，在校大学生是人力资源的潜在力量，同时也是构成人力资源增量配置的重要组成部分。

大学生人力资源既具有一般人力资源的共性，又有其自身的特殊性。共性体现在，大学生人力资源具备人力资源的能动性、潜在性、再生性、中介性、同步性、增殖性和周期性等一般属性，是经济社会发展进步的主要力量源泉。大学生人力资源作为增量配置的重要组成部分，具有其自身的特殊性，其培养开发及后期发挥自身价值的途径、方法与一般人力资源相比具有较大的差异，这种差异是由大学生人力资源的储备属性造成的。因此，应该正确看待大学生人力资源作为人力资源的特殊组成部分在社会经济发展过程中的作用，应合理开发利用大学生人力资源，使之发挥最大的效用。

2.2 大学生人力资源的创新潜能

2.2.1 创新的内涵与特征，以及创新能力的概念、创新人才的定义

2.2.1.1 创新的内涵

1912 年，熊彼特在其著作《经济发展理论：对于利润、资本、信贷、利息和经济周期的考察》中首次提出了创新（Innovation）理论的基本观点②，并在其随后的几部著作中逐步发展延伸其关于创新的相关理论，形成了一套新的理论体系。

理论界和实务界对创新的理解也呈现多样化，较为流行的说法是"创新是人产生新的精神或物质产物的思维与行为的总和"，认为"新"是其本质，既可以是首次出现的或首次经验得到的，也可以是性质上改变得更好，或过去没有的事物、过程和状态③。此外，还有其他多种对创新概念的理解，彼此之间或大同小异或相距甚远，在相关理论层面仍有待进一步探讨。

德鲁克（2002）在《创新与企业家精神》一书中从七个方面对创新进

---

① 王钢，莫晓斌. 大学生人力资源开发与高校德育［J］. 云梦学刊，2011（1）.
② 熊彼特. 经济发展理论［M］. 北京：商务印书馆，2000：73-74.
③ 李士，徐治立，李成智. 创新理论导论［M］. 合肥：中国科学技术大学出版社，2009：15.

行了诠释和指导，包括意外事件、不协调事件、程序的需要、产业和市场结构、人口统计数据、认知的变化和新知识。德鲁克又进一步将上述七个方面划分为两组，第一组包括四个来源，第二组包括三个来源。前四个来源存在于机构（企业、非营利性机构或政府机构）或者该机构所在的行业内部。这四个来源是行业外部大环境的改变反映在行业或机构内部的一些征兆或信号，能够看到这四个来源的人，主要是机构或行业内的从业人员。第一个来源是意料之外的事件，包括意外的成功、意外的失败和意外的外部事件；第二个来源是不协调的事件或者现象，是指现实状况和设想推测的状况不一致；第三个来源是程序的需要；第四个来源是产业结构或者市场结构潜移默化的变化。第二组包括三个来源，它们是机构或者产业以外的变化：一是人口统计数据或者叫作人口变化；二是认知和情绪上的变化，德鲁克也称之为哲学观念上的变化；三是新知识的产生，包括科技知识和非科技知识。由于后三个来源（变化）发生在机构和产业外部，除非它们以前四个来源的形式反映出来，容易被业内人员感知，否则常常受到忽视，但是后三个来源其实更带有根本性，并且也是直接可以被利用来创新的。

2.2.1.2 创新的特征

创新具有首创性、未来性、创造性、变革性、价值性、先进性、时间性、市场性、风险性、协同性、效益性等多种特征，这些特征既相互关联又体现创新的不同方面，但归根结底还是一个"新"字，这也是创新的根本特征和本质所在，没有"新"的观念、想法与创造，就无所谓创新。

2.2.1.3 创新能力的概念

创新能力即开创新局面、创造新事物的能力。创新能力是人的自觉能动性的集中体现。人类社会之所以不断发展，社会的物质文明和精神文明之所以不断提高，就在于人类具有创新能力。创新能力是一个人、一个领导者有所发现、有所发明、有所创造、有所贡献的前提条件。一个人要率众开创新局面、创造新奇迹，离开了创新能力是不可能的。创新能力是现代领导者必须具备的能力，是改革者必须具备的能力[①]。

知识经济时代的发展进步离不开创新能力，因此，加强对创新能力培养体系的建设具有十分重要而现实的意义，多层次、全方位培养具有较强创新能力的人才是经济社会发展的关键。

---

① 孙钱章. 实用领导科学大辞典 [M]. 济南：山东人民出版社，1990：687.

2.2.1.4　创新人才的定义

创新的主体是人，创新人才是有高度创新意识、创新精神和创新能力，能创造人类前所未有的新思想、新事物的人才①。创新人才应该具备以下几个特征：强烈的社会责任感和使命感、较强的问题意识和批判精神、强烈的好奇心、旺盛的求知欲、创造性的思维形式、坚韧不拔的毅力、稳定平静的情绪状态、和谐轻松的人际关系。

当今社会的竞争归根到底是人才的竞争，具备较强创新能力的人才成为民族发展进步的关键所在，只有拥有了创新人才，才不至于在日益激烈的国际竞争中被淘汰。

2.2.2　大学生创新力的内涵及构成

高等教育旨在传授知识，使大学生形成完善的知识体系，开发大学生的自主学习能力，培养大学生的创新能力，从而使大学生形成面向未来、面向世界的科学态度。大学生作为未来社会发展进步的主导性力量，需要具备较强的创新能力。具有创新能力的大学生一般会表现出如下综合特征：创造性的思维方式、合理的知识结构、较强的实践能力、良好的心理素质。

2.2.2.1　大学生创新力的内涵

大学生创新力，换言之，就是大学生创新人才的素质特征，基于对创新人才内涵的理解，大学生创新力是在其基本素质的基础上形成的一种能够运用灵活多样的方式和方法去创造新事物、解决新问题的更高级、更复杂的综合能力②。当今社会处于知识经济时代，企业之间的竞争已经不再局限于技术竞争和资源竞争，而是升级为人才竞争，尤其是创新人才之间的竞争，而决定竞争的关键要素在于创新人才的素质特征。大学生作为创新人才的中坚力量，在企业人力资源组成中起着举足轻重的作用。因此，如何培养大学生创新素质不论对高校还是对个人都具有重要的意义。对高校而言，培养具备创新素质的人才是高等教育体系中的重要内容，是高校适应市场经济发展合理转变教育观念的体现。大学生具备创新素质，说明高校培养大学生创新素质的努力取得了显著效果。对个人而言，大学生面临的竞争环境日益激烈，工作环境愈发复杂，因此，如何提升自身工作竞

---

① 谢瑞俊，周莉. 新世纪的呼唤：创新·创新人才·创新教育［J］. 辽宁教育研究，2000（1）.
② 郑艳菊，王军超. 大学生创新素质培养模式与路径研究［J］. 中国成人教育，2014（21）.

争力以及就业能力成为大学生在职业生涯中必须思考的问题。随之而来的就是大学生创新素质培养模式的提出。该培养模式下的大学生具备由多种元素构成的创新素质，大大提高了大学生实际工作能力。

2.2.2.2 大学生创新力的构成

大学生创新力由以下内容构成：①广泛的兴趣和爱好。创新的出现必然且只能与个体的兴趣有关，在一定程度上，时间和精力是创新的主要机会成本。广泛的兴趣爱好是创新的必要条件，创新的个体只有对某方面表现出浓厚的兴趣，才能够具有学习与探索的热情与愿望。因此，应使个体围绕兴趣点，主动投入时间、精力，全神贯注、认真观察、深入思考、自觉学习，从而形成潜在的创新的必要条件。②强烈的求知欲望。求知欲望是个体创新内在动机的基础，它能使持续的、自觉的学习成为个体有意识的、习惯性的活动，从而使个体不断拓宽视野，扩展知识范围，夯实理论基础，最终激发个体主动进行创新性思考。③完善、合理的知识结构。创新是创新者对既有知识在新的情境与条件下的运用，完善、合理的知识结构构成创新的理论依托，使创新者能够在既定的知识结构内结合内外部条件的现状，识别有价值的创新方向，进行科学合理的设计安排，对创新预期的结果及不确定情况进行解释和分析，从而保持和提高创新的科学性与有用性。④开拓型的思维模式。个体在分析既定情况的不适应性或寻找对现有问题更有价值的解决方案的过程中，会逐渐形成创造性的思维模式，在系统地观察实践、发现问题、思考对策的开放型思维模式下，个体将实践问题与理论基础相结合，将外部条件与内部要素相结合，将能力与知识相结合，探索创造性地解决问题的方式。因此，创新活动首先出现在开拓性的思维过程中。⑤敏锐的信息捕捉能力。创新在本质上是一种对于既有资源的重新组合，改变资源组合是创新者基于自身具备的知识所做出的决策选择。有效的创新能够适应甚至改变社会的发展轨迹，创造价值，为社会带来福祉。因此，创新决策必然包含对社会需要、个体能力及其相互匹配的判断，这些都以创新者所掌握的信息为出发点，在创新的决策过程中，信息是关键的资源，捕捉与处理信息的能力具有核心作用。⑥大胆实践、勇于探索的精神。创新过程通常是极具复杂性的过程，是脑力、体力、心力、精力融合并共同作用的过程。创新过程的不确定性要求创新者具备大胆实践、勇于探索的精神，能够对创新过程进行主动把控，及时评估创新结果，查找问题，分析原因，适时转变，使创新尽可能在既定方向上有序发展，降低损失。⑦较强的沟通能力与合作意识。由于作为创新主体的个体的知识有限，创新活动通常以团队形式进行，个体以其理论优势为基础从事创新的某一部分工作，创新结果是团队创造性活动成果的集成。团队成员的沟通能力与合作意识对创新的成效影响深远，团队成员之间必须展开有效的合作，个体的创造力只有转化成团队创造的合力，才能真正推动创新活动。沟通困难与合作的低效率将抵消甚至破坏有价值的创新思想。⑧坚强的意志品质。创新是反复实践的结果，任何构思中的创造性想法只有真正转化为可见可感的具体的创新结果，才能实现价值。创新过程的复杂性，使这个转化过程具有很强的不确定性，存在着失败的风险，创新者只有具有坚强的意志，能够承受压力，面对失败不退却、不气馁，才能使复杂的创新过程持续下去，避免创造性的活动因为创新者的放弃而半途而废。⑨健康稳定的心理素质。创新既是一项认知活动，又是一项复杂而缜密的思维活动。一般情况下，对于创造力而言，健康稳定的心理素质起着重要的作用。在进行创造性活动的时候，情绪就起着重要的调节作用：镇定、乐观的情绪有利于创造性活动的顺利进行，使思维敏捷、思想活跃，提高创造效率；焦虑不安、悲观失望、情绪波动，则有碍于创造性活动的进行。国内外的大量研究表明，有九种不良情绪困扰着人们创新活动的进行和创新能力的发挥，它们是：害怕、不痛快、懊悔、孤独感、无信心、生气、失望、难过、挫折感。显而易见，健康稳定的心理状态可以使创新能力得到更好的发挥①。

2.3 大学生创新力开发的理论架构

2.3.1 二元创新

二元性的英文为 ambidexterity，从字源看，其来自拉丁语 ambi，含义是指"两手并用的"或者"左右手都灵活的"，关注手的灵活性。后来，二元性更多强调的是一般意义上的平衡性。二元创新这一观点的提出，正是基于利用式创新和探索式创新这两种创新类型，以期达到二元平衡。关于二元创新的概念，目前以马奇（March，1991）提出的观点最为经典，通过利用式创新和探索式创新两个维度来体现组织的学习能力。利用式创新强调在已有知识的基础上继续进行知识的获取和重组；探索式创新的目

---

① 创新人才培养与心理健康教育 ［EB/OL］．［2009-06-05］．人教网．

的在于获取和构建知识，从而创造新知识①。利用式创新和探索式创新是反映组织学习能力的两个方面，利用式创新强调使用已有技术知识的深度，探索式创新强调对新知识的搜索广度②，二者相辅相成，共同解释一个组织获取、重组和构建知识的能力。

基于此观点，对二元创新的现有研究主要集中在组织层面，探讨企业如何通过自身的二元创新来提高组织的学习能力，从而保持持续竞争优势。除组织层面外，个体层面的二元创新也开始成为提高组织学习能力的又一途径。当今企业处在不断变化的知识经济时代，大学生作为企业人才储备库的主要资源，从校园到职场过渡的这一过程中，应保持对知识继续获取、重组和构建等持续学习的状态。通过组织学习，将大量知识内在化，有助于个体创新行为的产生，个体的创新行为正是企业创新能力的来源。

2.3.2 动态能力理论

动态能力理论研究是战略管理领域的研究前沿，动态能力被认为是在外部环境迅速变化下企业获得竞争优势的源泉③。根据这一观点，战略学家提出动态能力的概念，即企业在面对动荡环境时，为了获得长久的竞争优势，建立的一种能使组织迅速整合、构建和重新配置内部和外部资源和能力以应对市场变化和技术变化，从而保持与外界环境匹配的能力④。动态能力理论的核心在于动态，体现的是企业如何在动态变化的环境下通过重新配置资源和结合已有资源来适应环境，这种不断置换、不断优化的过程最终能够确保企业长久地保持竞争优势。

不仅是企业需要具备动态能力，个体，尤其是还未进入职场的大学生，迫切需要动态能力去应对未来在职业生涯中可能面临的竞争压力。在动态环境中，大学生就业市场日趋饱和，竞争压力不容小觑，大学生就业难已经成为热点问题。在这种情况下，大学生自身获取的资源越丰富，掌控资源的能力越强，就越善于利用外界环境机会，提高随环境变化而获取

① MARCH J G. Exploration and exploitation in organizational learning [J]. Organization Science, 1991, 2 (1)：71-87.

② KATILA R, AHUJA G. Something old, something new: a longitudinal study of search behavior and new product introduction [J]. Academy of Management Journal, 2002, 45 (6)：1183-1194.

③ 张国平，金通. 经济全球化挑战与产业集群动态能力提升 [J]. 财经论丛：浙江财经大学学报，2012 (4).

④ 魏嵘，杜宁. 基于动态能力视角的双元组织路径构建 [J]. 商业经济与管理，2013 (8).

资源的能力，从而得到更好的发展。

2.3.3　二元创新与动态能力的关系

2.3.3.1　二元创新是一种动态能力

从定义上来看，二元创新强调利用式创新和探索式创新的二元平衡：一方面关注现有能力，即帮助企业充分利用已有资源的能力；另一方面关注企业适应动态变化和日益复杂的外界环境的能力，促使企业提升竞争优势，这与动态能力的定义相吻合。从目标上来看，二元创新的本质要求在于对已有知识的利用和对未知知识的探索，并力图达到二者间的平衡，从而获得创新能力。这一行为的实现，需要企业对资源和能力进行配置、整合和重构，配置、整合和重构则是动态能力的核心特征。由此可见，二元创新与动态能力在目标上一致，都是为了适应环境，在资源整合和配置上也无差异①。

由此可知，二元创新与动态能力存在同一性，二元创新是一种动态能力。二元创新实现了利用式创新和探索式创新间的二元平衡，这个创新活动每达到一个新的二元平衡，就是企业较好地适应外界环境的表现，能够推动企业动态能力向更高一级台阶发展，是一个良性循环的过程。

2.3.3.2　动态能力促进二元创新形成

大学生能否实现二元创新，即利用式创新和探索式创新间的二元平衡，在很大程度上取决于大学生动态能力的高低。例如，大学生也许有获取、重组和构建知识的愿望，但动态能力是否具备会影响个体愿望的实现。因此，当大学生具备动态能力时，他们更容易形成二元创新。基于这一设想，我们提出了大学生实现创新能力的途径，即借助大学生动态能力，通过促进利用式创新和探索式创新实现二元创新，而二元创新最终促成创新能力的开发。首先，具备动态能力的大学生在应对竞争压力较大的就业环境时，能够通过知识获取、知识重组和知识构建三个途径和知识的流动实现个体学习的目的——将大量知识内隐并帮助个体激发创新能力。其次，知识获取和知识重组促进利用式创新的产生，而知识获取和知识构建构成探索式创新产生的必要条件。利用式创新和探索式创新共同作用于二元创新的产生。最后，二元创新中广泛的兴趣爱好、心智模式、合理的知

---

① 凌鸿，赵付春，邓少军. 双元性理论和概念的批判性回顾与未来研究展望 [J]. 外国经济与管理，2010 (1).

识结构、批判式思维等构成创新素质的要素，实现大学生创新能力开发。动态能力、二元创新与创新能力开发的关系见图 2-1。

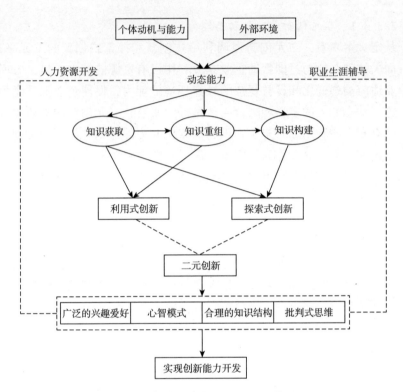

图 2-1　大学生创新能力开发理论框架

2.3.4　双模式促进大学生创新能力开发

综上所述，我们分析了二元创新与动态能力的关系，认为二元创新是一种动态能力，二元创新达到的平衡状态推动动态能力向更高层次发展；而动态能力又可以通过知识获取、知识重组和知识构建三个途径和知识的流动促进利用式创新和探索式创新的形成，实现二元创新。二元创新和动态能力之间是相互促进的关系，其最终都是为了实现大学生创新能力开发。这些分析结果启示我们，高等教育可以从培养大学生动态能力的视角实现二元创新。一方面，合理开发利用大学生人力资源，使其发挥最大效益。另一方面，注重大学生职业生涯辅导，提高大学生在就业市场上的竞争力。两种模式双管齐下，助力大学生创新能力开发的实现。

3 人力资源开发+生涯发展辅导：创新力开发的模式构建

3.1 创新力开发有赖于科学的培养模式构建

随着科技进步与生产力水平的不断提高，全球范围内的竞争越来越激烈，知识经济与科技创新成为全球经济发展的一大亮点，经济的竞争归根到底是人才与科技的竞争，哪个国家拥有可持续的创新能力和大批高素质的人才队伍，哪个国家就会在未来的竞争中占据有利地位。习近平认为，人才是创新的根基，创新驱动实质上是人才驱动。可见，创新不仅是一个民族的灵魂，还是一个国家繁荣富强的强大驱动力。而人才的培养离不开高校这个"孵化箱"，所以培养创新型人才从根本上要依靠国家教育的进步。

20 世纪 50 年代，美国经济学家舒尔茨提出的人力资本理论就把人力资源看成一切资源中最重要的资源。各国政府都十分注重人力资源的开发，都在加大力度发展教育、投资教育、培养人才。在当今信息化时代，在培养人才的教育中，特别是培养高级专门人才的高等教育中，为了提高人才培养质量，要适应时代的需求，对大学生进行全面培养，使所需人才数量足够、质量较高，为国家的现代化建设提供人才支持，为知识创新做出贡献。

培养模式是指以一定的理念、方针、思想为指导，为实现预定的培养目的而构建的包括一系列培养理念、培养方式与途径、评价标准与保障措施等在内的模式。大学生的培养模式有其特殊性，它着重于对大学生的教育，关系着大学生的终身发展，更关系到教育立国、人才强国战略的实现，进而影响到未来我国竞争力的强弱，因此，大学生人才培养模式的构建具有至关重要的作用。第三次全国教育工作会议反复强调21 世纪初国家教育改革与发展的主要任务是改革人才培养模式，全面推行素质教育。

从创新力开发角度看，科学的大学生培养模式构建意义重大，具体表现在以下几个方面：

第一，提升大学生的创新能力与水平，为打造创新型国家奠定基础。我国经济发展方式正逐渐由粗放型向集约型转变，集约型经济增长主要依靠技术进步与劳动生产率的提高，因此未来我国的经济发展势必主要依靠自身的创新能力，走自主创新道路。我国政府提出坚持自主创新、走人才强国之路。构建创新型大学生培养模式能为培养创新型人才提供保障，为建设创新型国家奠定基础。

第二，提升大学生的就业能力与竞争力，适应市场经济发展的需要。市场经济条件下实行的是双向选择的就业机制，大学生的工作岗位不再由国家统一分配，一方面企业与就业者有了充分的自主选择权，另一方面对即将进入社会的大学生的能力培养提出了新的要求。随着大学的全面扩招，大学生的就业压力逐渐凸显，大学生的求职竞争越发激烈，这就要求当代大学生树立正确的就业观念，注重自我能力培养，积累求职技巧，做到人无我有、人有我优，凸显自身价值。人才培养质量是教育培养模式的最终衡量标准，因此要提升大学生竞争力，提高人才培养质量，必须对大学生培养模式进行根本性变革，适时调整课程设置，引入职业教育内容，积极引导大学生做好人生规划，实现自我价值。

第三，促进大学生全面发展与个性发展相结合，为大学生的终身发展奠定基础。实现大学生终身的可持续发展，是当代教育确立的基本价值观。我们的大学教育绝非局限于传授书本上的既有知识，更重要的是对大学生人格的塑造，对大学生思维方式的改造，引导大学生树立正确的世界观、价值观和人生观，这将对大学生的终身发展产生深远影响，成为使大学生终身受益的精神财富。要实现这样的目标，我国的创新人才培养需要做到以下三点：①注重大学生的全面发展，注重大学生各方面能力的培养，提高大学生的自主学习能力，引导大学生树立终身学习的观念；②提高大学生的创新能力，培养大学生勇于探索、敢为人先的创新精神；③提高大学生的实践能力，培养大学生灵活运用知识解决实际问题的素养。我国高等教育应采取这种培养模式，因势利导，因材施教，尊重人才的个性发展，注重人的个性价值，充分挖掘大学生的潜力，发挥个人主观能动性。只有做到这些，大学生才能人人成才。

3.2　国外典型大学生培养模式梳理和启迪

每个国家都有自己的文化、历史背景等，所以各国高校的教育模式不完全一样，对人才的培养也各有特色，正所谓"条条大路通罗马"，人才培养模式是多样化的。然而矛盾的普遍性寓于特殊性当中，基于对人才培养的特殊规律的把握，不同的人才培养模式必然具有共性，因此在改革我国大学生培养模式过程中可以借鉴国外的有益经验。

3.2.1　国外几类典型大学生培养模式介绍

3.2.1.1　美国大学生培养模式

美国一向重视高等教育的发展，早在 20 世纪 50 年代即开始重视创新人才的培养，其教育模式也随着社会的发展做出相应调整，这种与时代步伐相适应的持续教育改革使得美国的高等教育在全世界范围内都具有重要地位与影响。美国的大学生培养模式具有以下特点：①坚持学校自治，学术自由，高校自主招生。美国高校招生完全自主，招生政策与录取标准都由各高校自主掌握，美国联邦政府和地方政府都不对招生一事进行干预。美国高校不是"一考定终身"，除看考试成绩外，还考察学生的社会实践，要求有推荐信，还要进行相关的面试，它注重对学生的综合素质进行全面考察，择优录取。这种招生方式给予学生与学校双方充分的自主选择权，关心学生的成长，尊重学生的个性发展。②形成开放的综合的人才培养模式。美国高校普遍注重学生知识体系的综合性，要求学校授课内容综合化，注重学科与学科之间的衔接，合理弱化学科之间的界限，将最基本学科的基础知识传授和技能训练作为着眼点，注重开设跨学科课程，注重人文、科学的结合，要求重视发挥教师的主导作用。教师注重培养学生的创新能力，授课中采用"个性教学法""问题教学法"来激发学生的求知欲、好奇心，通过发现问题来解决问题；同时强调师生的互动，培养学生的主动性，鼓励学生广泛参与科研活动。③注重学生的个性化发展。学校开设丰富的课程，给予学生充分的选课权限。一些学校还实行弹性学制，给予学生自我设计的权利，对学生转专业的限制较少，学生甚至可以不必按学校固定的课程设置去学习，可以选择自己感兴趣的课程学习，在学业上享有充分的自主权。这样可以充分发挥学生的潜力，使学生的专长得到充分的发展；可以使不同的人才在不同的领域取得成就，做到人尽其才，使人才发展多元化，同时有利于塑造创新的社会，真正做到"不拘一格降人才"。④注重理论与实践相结合。很多高校都会将课堂学习与课外实践紧密联系在一起，如让学生和教授一起参与课题研究，或者通过校企合作将学生外派到企业实习，或者让学生参与一些户外考察、社区活动，让学生有机会将所学的知识运用到实际当中，加深对知识的理解，以提高学生运用知识解决实际问题的能力。

3.2.1.2 德国大学生培养模式

德国的高等教育历史悠久，海德堡大学早在1386年即已设立，在16世纪下半叶已成为欧洲科学文化中心。德国的高等教育为德国培养了众多杰出的人才，为德国的经济发展做出了巨大贡献，在世界范围内享有较高的声誉。其人才培养模式具有以下特点：①制定宽进严出的教育制度。德国人严谨认真的态度闻名世界，德国高校对人才的培养也坚持科学严谨的态度。德国高校实行入学认证，没有统一的招生考试，避免一考定终身，这样就极大地保证了大部分学生有机会接受高等教育，同时也能为大学提供更多的可塑之才。学生专业选择非常自由，德国高校专业招生一般不设名额限制，学生可以依照自己的兴趣自由选择，充分尊重学生的自主权。另一方面，德国高校对人才的培养极为严格，有着极高的淘汰率，对学生的诚信要求极为严厉，学生考试作弊、学术造假都将受到较为严厉的处罚。这样尽管入学时学生人数多，层次差别大，但是严谨的教育过程确保了很高的教育培养质量，只有达到严格标准的学生才能最终获得学位。②学术与职业教育并重。德国不仅注重培养学术人才，而且注重将学生的培养与社会需求相联系，注重学生的职业教育，持续不断地为企业培养所需要的应用型人才，形成高等教育中学术、职业双丰收的理想局面。

3.2.1.3 英国大学生培养模式

英国的高等教育以拥有独特的校园文化与高质量的教育水平闻名于世，其自由的思想、独立的精神为世人称道。在长期的发展过程中，英国的高等教育管理者从实际出发，建立了一套系统的管理体系和人才培养模式。英国高校是由国家最高元首或英国议会授权成立的独立法人机构，既不是国家的财产也不是私人的财产，而是一类公共财产。因此，英国高校的管理与运行完全是由学校自主组织与实施的，（英国高校）完全可以视为一种自主运行的组织体系①。例如，教学基金是根据学生的数量和专业决

---

① 卢丽君. 高校管理创新思维研究［M］. 北京：中国经济出版社，2006.

定的。正是基于这样的自主运行体系，英国的人才培养模式才具有自由与独立的本质特点。

自由与独立贯穿于教育全过程、全方位，学生可以自主选择专业和课程，也可以自由转换专业，学习自由，学生群体之间不单独设置班级。不同专业的学生在一起学习同一门课程，可以自由发表自己的观点。在课堂上，教师鼓励学生发表不同观点，学生不同于教师的观点也能得到包容，而不会认为是对教师的不敬。对一些问题的探讨并非要找出唯一的标准答案，而在于鼓励学生从多角度综合思考问题。学生的毕业论文根据自己选择的方向独立撰写。英国高校采用这种自由与独立的教育方式，全面充分地培养学生的自主学习能力。

3.2.1.4　日本大学生培养模式

日本的高等教育为其经济发展做出了巨大贡献，其创新型人才的培养模式具有鲜明特色。首先，日本社会强化危机意识。日本是一个岛国，国土面积狭小，且常年地震不断，使日本民众养成强烈的危机意识。这种不安于现状的危机意识使得日本高校十分重视大学生的培养，激励大学生发奋图强，努力学习，勇于创新。其次，日本面临老龄化严重的局面，为了应对 2020 年以后开始的无止境的就业人口的减少，日本积极地进行创新型人才培养。在此基础上，日本高校提倡启发式教育，采取探讨式学习，教师通常在课堂上让学生积极讨论问题，使学生在探讨式学习中得到启发；教师会布置一些综合性较高的课外作业，让学生加深对知识的理解与运用。考试测评通常采取开卷考试的形式或者以提交论文报告的形式进行，把学生从死记硬背中解放出来，注重考查学生对知识的理解与运用。

3.2.2　国外大学生培养模式对我国的启示

我国与欧美国家和日本在文化、历史、政治和传统习惯上都存在很大的差异，但是现在的高等教育日益走向国际化和全球化，我们也需要正视我国在大学生创新素质培养上的不足，及时跟上全球化的步伐。

通过对欧美国家和日本创新型人才培养模式的探讨可知，我国在培养创新型人才上与它们还有很大的差距，需要学习和借鉴它们的培养模式。例如：借鉴美国的课程设置，拓宽我国大学的基础学科教育领域，鼓励跨学科学习，提倡思维的多样化，避免形成思维定式，培养学生独立思考的能力；借鉴英国的自由与独立，在教学的过程中，给学生留下充分的自主学习和思考的时间，使他们在自我成长中发挥创造性；借鉴日本的启发式教育，激发学生的好奇心，在教学过程中营造问题情境，创造开放式的学习氛围。

3.3　我国大学生培养模式现状与变革

3.3.1　我国大学生培养模式的现状

我国继专业教育人才培养模式和专通相结合的人才培养模式之后，为了适应"创新型国家"的建设目标和"创新驱动发展"的战略目标，转而将大学生培养模式转变为创新人才培养模式。随着高等教育的普及，接受高等教育的人数逐年上升，但是高等院校的扩招并没有成比例地为社会培养更多创新人才。2005 年钱学森提出"为什么我们学校总是培养不出杰出的人才？"的问题，为了解决这一问题，我们必须正视我国高校大学生培养模式所存在的问题。

3.3.2　我国大学生培养模式存在的问题

由于长期受到计划经济体制和粗放型经济发展模式的影响，我国高校人才培养模式在目标和定位等诸多方面都存在着很大的问题，尤其在当前市场经济条件下，这些问题显得越发突出。

首先，高等教育在定位上存在着"好大喜功"的传统弊病。其具体表现在：办学规模上，通过合并、扩招等方式盲目扩大；办学类型上，一味看重普通高等教育而轻视高职教育；办学层次上，追求"大而全""大而高"，无视自身办学条件和能力而全力争取硕士、博士等更高层次的招生；学科建设上，求多求全，盲目向多学科、综合性发展。

其次，应试教育扼杀了学生的创新精神。在我国目前的教育模式中，大部分考核是以考试的形式进行的，在这种考核形式下，只要按照教师的要求完成作业加上死记硬背课本上的知识就能考高分。这样的教育环境很难培养学生的创新思维。

再次，办学特色不突出，创新动力不足。受教育行政主管部门统抓统管的体制局限，以及学校自身发展的"功利化"影响，高等教育"大一统"的现象非常严重，统一的培养目标，统一的教学计划、专业目录、学科设置，"千校一面""千篇一律"，造成同一类型和层次的人才过剩。此外，缺乏自身办学特色和市场导向，致使高校的专业、课程设置与现实脱轨，培养出的人才也很难得到社会的认可，难以满足经济和社会发展的需要。

最后，实践教学效果不佳，学生实操能力差。虽然现在很多高校都重视开展实践教学，也与部分企业合作进行联合培养，但实际效果欠佳。主要原因在于：主观上，在实际培养过程中仍然存在重理论轻实践的现象；客观上，学校规模的不断扩大使得校内实验室建设不能满足实践增长的需要，校外实习基地建设则受利益和体制因素的影响难以发挥应有的作用，从而制约了实践教学的实施与发展。

3.3.3 我国大学生培养模式的改革探索

尽管目前我国大学生培养模式存在诸多问题，但可喜的是，随着改革的推进，我国大学生培养模式有了新的变化，高等教育改革取得一定成绩。这主要表现在以下几个方面：①学生的自主权限得到一定的提高，专业限制有所放松。一些高校在专业课程设置上给予学生一部分自主选择的权利。一些高校在学生专业转换上放松了限制，学生学习一定时间后如果对本专业不感兴趣可以提出申请，通过考试转入申请的专业。部分高校在大一时期在学院内部不分专业，学生到高年级对专业有所了解后，再自主选择专业方向，这有利于提高学生学习自主性，有利于大学生充分发挥自身潜力、各尽其才。例如，中国科学技术大学的学生至少有三次自主选择专业的机会。②高校实行多元化的录取制度。2003 年我国开始进行高校自主招生制度的探索，允许部分高校拿出一定比例的招生名额，以选拔有特殊才能的学生。例如，2010 年北京大学在自主招生过程中实行校长推荐制，经中学校长实名推荐的学生，在面向社会公示后，可成为自主招生直接候选人。这些都是对学校自主选择生源的有益探索。多元录取方式在一定程度上打破了长期以来把高考成绩作为唯一录取标准和依据的局面，在坚持公平原则的基础上，对学生学科兴趣、能力和素质进行综合评价，以保证有潜力的学生进入合适的学校继续发展。③高校进行去行政化尝试。我国高等教育体系严重的行政化对高等教育的发展产生了一些不利影响，社会各界对教育去行政化的呼声越来越高。例如，南方科技大学引入新的教育理念，进行教育去行政化的尝试，采取教授治校、自主招生的办学理念治校，是我国大学生培养模式的新探索。④高校联合办学，开设第二学位。部分高校通过整合各自学科优势，开展联合办学，开设第二学位。这有利于一定区域内高校资源共享、优势互补，提高了区域内学生的整体素质，同时学生辅修第二学位弥补了自主选择专业课程的不足，有利于学生发展多项特长，提升自身核心竞争力，为将来进入社会求职赢得一定优势。⑤社会实践项目增多。随着大学生培养模式改革的推进，我国高校越来越重视课外实践活动的开展，设置了丰富的课外实践项目，大力开展校企合作，输送一些学生到企业实习，培养学生灵活运用所学知识解决实际问题的能力，大大提高了学生对社会的适应能力，同时也推动了教育与时代发展、社会需求相结合。另一方面，学校逐步加强对学术创新活动的支持与投入，鼓励学生参与科研项目，举办学术竞赛活动，对学生科研活动给予经费、教师指导等各方面支持，利用寒暑假开展假期社会实践活动，以此提升学生学术研究能力，并取得了十分明显的效果。

3.4 "人力资源开发+生涯发展辅导"叠加培养模式构建

基于前述二元创新与动态能力的理论支撑和科学培养模式实践探索，我们提出大学生创新力开发的模式："人力资源开发+生涯发展辅导"叠加模式。这一模式中的人力资源开发与生涯发展辅导相辅相成，共同作用于大学生创新力开发。

3.4.1 以二元理论为基础的双模式激活创新能力

二元理论认为，实现创新的核心是学习，多种多样的学习行为可以有效促进知识获取、知识重组、知识构建这一循环过程。知识获取与知识重组可以实现利用式创新，而知识获取与知识构建可以实现探索式创新。大学生作为未来社会发展进步的主导性力量，需要具备较强的创新能力，要有创造性的思维方式、合理的知识结构、较强的实践能力、良好的心理素质。

对高校而言，培养具备创新素质的人才是高等教育体系中的重要内容，是高校适应市场经济发展及合理转变教育观念的体现。大学生是国家未来发展的希望，自身具备较强的学习能力，所以高校作为大学生的培养基地，可以通过"人力资源开发+生涯发展辅导"这一培养模式，实现大学生利用式创新和探索式创新两种不同创新能力的提升，帮助大学生提升运用灵活多样的方式和方法去创造新事物、解决新问题的更高级、更复杂的综合能力。以首都经济贸易大学（简称"首经贸"）为例，"双模式+二元创新"的创新能力开发如图 3-1 所示。

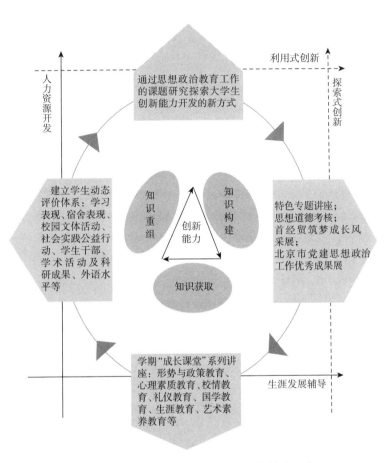

图 3-1 "双模式+二元创新"的创新能力开发

在图 3-1 中，横轴表示对大学生进行生涯发展辅导，纵轴代表人力资源开发，两种对大学生的培养方式分别对应大学生创新能力开发中的利用式创新和探索式创新。首都经济贸易大学通过开设学期"成长课堂"讲座、开展思想政治教育工作的课题研究、对大学生进行思想道德考核、建立大学生动态评价体系、开办筑梦成长风采展等一系列的活动（详见本书第 6 章），增加大学生的知识获取方式，提升大学生的知识重组和知识构建能力，由此形成一个循环模式，提升大学生的创新能力。

3.4.1.1 以生涯发展辅导促进大学生创新能力提高

为实现大学生自身的可持续发展，高校在教育过程中要帮助大学生确立基本的、正确的价值观。大学教育绝不应局限于传授书本上的既有知识，更重要的是塑造大学生的人格，改造大学生的思维方式，引导大学生树立正确的世界观、价值观和人生观，这将对大学生的终身发展产生深远影响，成为使大学生终身受益的精神财富。

首都经济贸易大学举行的学期"成长课堂"系列讲座属于大学生生涯发展辅导范畴，主要包括形势与政策教育、心理素质教育、校情教育、礼仪教育、国学教育、生涯教育、艺术素养教育等主题，意在培养大学生多方面的素质与能力，让大学生了解当前的就业形势，加强大学生心理素质培养，帮助大学生做好职业生涯规划，其本质内涵是增强大学生的利用式创新能力的开发。

形势与政策教育帮助大学生了解现今社会倡导的发展方向——创新，潜移默化地影响大学生的创新意识；心理素质教育则关注大学生的内在，帮助大学生形成健康的心理，解决人际交往问题，为大学生今后的创新行为打下基础；校情教育的举措是邀请成功学子分享个人经验以及在某些领域的成就，意在丰富大学生各个领域的知识储备；国学教育旨在告诉在校大学生，在获得主流文化知识的同时，莫要丢弃传统文化，传统文化中的知识与道理将使大学生受益终身；艺术素养教育如今也不再停留在课堂之上，学校鼓励大学生加入各种艺术社团，定期开展艺术活动，不断提高大学生的艺术素养。一个人取得的创新知识，不仅仅来源于书本，更多来自方方面面的实践，学校为此打下了坚实的基础。

3.4.1.2 以人力资源开发促进大学生创新能力提高

动态能力被认为是在外部环境迅速变化的形势下，企业或个人获得竞争优势的源泉。不仅企业需要具备动态能力，个体，尤其是还未进入职场的大学生，迫切需要运用动态能力去应对未来在职业生涯中可能面临的竞争压力。大学生有获取、重组和构建知识的愿望，而动态能力的有无可能会影响个体愿望的实现。

首都经济贸易大学建立的大学生动态评价体系属于人力资源开发的范畴，主要对大学生的学习表现、宿舍表现、校园文体活动、社会实践公益行动、学术活动及科研成果、外语水平等进行追踪和评价，包含近 100 项指标，基本涵盖大学生在学校内的所有表现。通过建立动态评价体系可以发现大学生的优势与不足并加以提升和改善。附录二提供了校园文体活动分值判断矩阵，借助该矩阵，可以科学、准确地衡量大学生的真实情况，真正实现人力资源开发，达到提升大学生探索式创新能力的目的。

学校建立的大学生动态评价体系使得大学生在校园成长过程中不仅要

关注课堂知识的学习，同时要关注自身综合素质的培养。举办校园文体活动以及科研竞赛活动，可以充分发挥大学生的想象力和创造力，加强其竞争意识，促进其知识的重组与整合，培养其创新能力。

3.4.1.3　人力资源开发和生涯发展辅导交互作用于大学生创新能力开发

首都经济贸易大学一直在进行思想政治教育工作的课题研究，以探索大学生创新能力开发的新途径，这部分属于高人力资源开发、低生涯发展辅导的范畴。其中，具有代表性的课题有"关于加强大学生团队意识建设途径的研究""大学生文化素质提高途径与大学精神的塑造——以首都经济贸易大学公共选修课调查与开展为例""大学生评价体系建立中如何把握正确的导向性和科学性"等。这些课题的研究已取得了丰硕的研究成果，并已应用于实践中，以培养大学生的利用式创新和探索式创新能力，使其能更好地就业和创业。此外学校转变陈旧的教学理念，增设多种选修课，采取学科转换等灵活的学习制度，激发大学生的学习兴趣；教师采用参与互动、启发讨论式等教学手段和方法，充分发掘大学生的兴趣爱好并激发他们对兴趣爱好的持续热情，让大学生对学习充满兴趣，使他们在学习探索中充满创造性，不断创新。

除了思想政治教育之外，学校还开展了特色专题讲座、思想道德考核、首经贸筑梦成长风采展、北京市党建思想政治工作优秀成果展等活动，这部分属于人力资源开发和生涯发展辅导的交互范畴，目的是使大学生在参与活动的同时促进自身提高知识获取、重组与构建的能力。学校开设的特色专题讲座有"人的形象与人的魅力""自我心理保健的常识和方法""大学生就业指导""如何准备你的创业生涯"等，帮助大学生获取创新创业的知识与经验，进而成功就业和创业。不同的学院还建立了不同的特色培育机制，如工商管理学院的"成立卓越商才促进中心，搭建学院特色育人机制""凝练专业特色，依托竞赛与实践，培育卓越商才"，文化与传播学院的"八届金驼辉煌，助力专业成长""培养综合素质，打造文传品牌"等。各个学院的特色品牌根据该学院的学科特点而设立，但它们都有一个共同点，就是专业与思想道德同时抓，使大学生先学会做人再学会做事，能够在自己的专业领域深扎根、强发展。

综上所述，学校作为人才培养的基地，在实现大学生创新能力开发方面发挥着重要作用。在二元创新理论的基础上，学校通过生涯发展辅导和人力资源开发两种途径探索并践行大学生创新能力开发。处在新时代的大学生，拥有广泛的兴趣爱好、批判式思维，对一切事物充满好奇心，通过学校里的学习，大学生可以有效实现知识获取、重组与构建，提升自身创新能力。

3.4.2　叠加模式之人力资源开发

3.4.2.1　创新力开发的内生动力：激励作用的发挥

大学生作为一种宝贵资源，具有潜在的创新能力，要想开发大学生资源，必须掌握他们创新的需要与愿望。耶鲁大学著名心理学教授斯坦伯格发现，兴趣和动机是人们从事创造性劳动的驱动力，而人的思想和行为会依据激励手段发生改变，这一点也就构成完善创新环境的一个重要内容①。

心理学中将一切推动人们进行活动的内外部原因称为动机，动机是一切活动的原动力。而激励是人力资源的一项重要内容，是指激发人的行为的心理过程。大学生作为创新的主体，需要一个不断形成和激发创新需要与动机的过程，其创新行为受到动机的支配和调节，动机作用能使感知和认知系统指向一定的目标。从人力资源理论上讲，如何实现更有效的激励历来是人力资源开发的重要课题，激励理论对人力资源开发有着重大意义，激励也是人力资源开发最重要、最核心的途径。所以，基于人力资源开发的视角，大学生创新能力的培养需要适当的激励作用，激励可以使创新主体形成更强的创新动机，从而提高他们的创新能力。

（1）大学生创新素质培养的外部激励。基于人力资源开发的视角，"以人为本"的"人本激励"是大学生创新素质培养所依据的外部激励的主导思想，即注重大学生在自身开发过程中发挥主动性、能动性和创造性。具体措施体现在以下几个方面：

第一，目标激励。目标激励的关键在于帮助大学生设定正确的目标，激励他们为达成目标而不断开拓创新。大学生正处在充满梦想的人生阶段，常常会因为目标不明确而感到迷茫，这时，他们的人生道路需要引导，要帮助他们确立短期的目标，甚至长期的目标。所以，高校教师应该对大学生进行人生观、价值观教育，使他们对自身有正确的认识，树立正确的目标和理想，为自身创新素质的培养打下基础；同时指导他们进行个人的职业生涯规划等，引导他们确定自己的定位和期望值，并以此指导他们的行动方向，避免进行盲目的选择。这样不仅能引导大学生树立正确的

---

①　郗振亭，史殿元，孙立威. 创新能力培养路线图：一流三联三个零［M］. 北京：中国经济出版社，2009.

人生观、价值观，还有助于使大学生的行为具有目标性、积极性与创造性。因此，目标激励过程中教师是关键因素。

第二，兴趣激励。兴趣是最好的老师，从心理学角度分析，学习兴趣是学习动机的一个重要组成部分，是激发大学生内在动机及影响大学生创新水平的关键因素。高校作为外部激励的主体，应以培养大学生学习、探索发现的兴趣为手段，提高大学生的创新素质。培养大学生的学习兴趣，必须坚持"以人为本"。每个人都是一个独立的个体，其个性、兴趣爱好以及人生观、价值观不会完全相同，因此对每个大学生的培养应采取不同的方法、因材施教，兴趣激励不可能有一以贯之的既定模式。从高校角度而言，高等教育应转变陈旧的教学理念，增设多样的选修课，采取学科转换等灵活的学习制度，激发大学生的学习兴趣；从教师角度来讲，教师应该引进参与互动、启发式讨论等教学手段和方法，充分发掘大学生的兴趣爱好并激发他们对兴趣爱好的持续热情。只有让大学生对学习充满兴趣，才能使他们在学习探索中发挥创造性，不断创新。

第三，奖励激励。赫洛克效应由著名心理学家赫洛克（Hunlock）提出，旨在研究奖励与惩罚对学习结果的影响。结果表明，对工作的结果进行评价，能强化工作动机，对工作起促进作用，适当表扬的效果明显优于批评，而批评的效果比不予任何评价好。根据这一原理，适当采用奖励和惩罚手段，可以有效激励或约束大学生的行为，从而实现提高大学生创新素质的目的。

对于大学生的奖励，可以从物质上和精神上分别进行。物质上具有代表性的就是奖学金，在我国现阶段，奖学金对大学生的激励作用仍占据很重要的地位。这是因为奖学金在满足人的生存需要的同时，也满足了人的自我实现需要，它们分别处在马斯洛需要层次论中的最低层次和最高层次，所以尤其重要。同时，奖学金的激励一定要使创新素质最好的大学生成为最具满足感的人，这样才会使其他人明白获取奖学金的实际意义，从而提高他们的创新能力。大学生除了获取奖学金之外，还十分希望得到认同和肯定，这就是精神层面的奖励。赞美和表扬之所以对于人的行为能产生深刻的影响，是因为它满足了人渴望得到尊重的需要，这是一种较高层次的需要。因此，在高等教育中，奖励作为一种能够提高大学生创新素质的激励方法应得到充分重视。另外，奖励只是一种激励手段，不能转变为目标。如果奖励成为大学生创新发展的一种目的所在，那么奖励就失去了其基本意义，大学生的创新行为将明显受到利益动机的驱使，从而无法产生真正的创新。

第四，竞争激励。心理学研究表明，竞争可以提高一个人的创造力。竞争对动机有激发作用，能使动机处于活跃状态。只有在一个充满竞争的环境里，个人才有更高的目标和标准，才会要求自己达到新的高度。大学生普遍具有争强好胜的心理特征，因此，通过创造竞争环境可以很好地刺激他们的创造性，通过设立竞争机制能够激发大学生的求胜欲望，使他们产生强烈的创新动力。在竞争日趋激烈的现代社会，社会对大学生的综合素质尤其是创新素质有越来越高的要求，使得竞争成为他们不断提高自己的激励措施。例如，"挑战杯""CCTV 杯"等一系列竞赛活动，让全国的优秀大学生互相竞争、展现自我，大大提高了大学生在各方面的学习和创新热情。

以上述四方面内容为重点的大学生创新素质培养的外部激励是一个完整的体系。"人本主义"是从人力资源视角激励、开发并提升大学生创新素质的基本原则，即一切以大学生实际情况为中心，不拘泥于理论。激励方法必须因人而异，对不同层次、不同学科、不同性格的学生，必须进行具体分析，只有区别对待，有针对性地进行外部激励，才能收到良好效果。

（2）大学生自身的定位与自我激励。要提高大学生的创新素质，仅仅进行外部激励显然不够，只有大学生自身形成创新意识，才能从根本上提高创新能力，因此，大学生自身创新意识的形成是关键、是核心。影响大学生创新意识形成的主观因素有思维定式障碍和人格障碍等方面。同西方国家相比，我国的大学生长期处在传统的应试教育环境下，个人思维受到局限，欠缺灵活性，经历及经验十分有限。所以，多数大学生习惯了被动接受知识，不具备批判的精神。这些消极的学习方式严重影响了大学生创新能力的提高。同时，受应试教育影响，学生在跨入大学校门后即开始考虑考研、就业等现实问题，相对于创新创业，他们更倾向于获得保守、稳定的职业，这就使他们逃避探索未知领域，无法形成创新思维、产生创新行为。另外，随着竞争压力的增大，嫉妒、猜疑等不正常的心理现象在大学生中滋生、蔓延，对他们提升创新能力产生了不良影响。大学生性格和人格仍处在逐步成熟的阶段，有很多不健全的方面，需要从以下三个方面努力，促使自己具有积极自觉的创新意识，并且将这种意识转化为强大的动力，进一步提高自己的创新能力。

第一，增强思想政治觉悟和社会责任感。大学生还处于人生的迷茫期，其人生观、价值观等尚未成熟，因此高校思想政治教育应该引导大学生认识到培养创新素质的使命感和紧迫性。只有思想认识水平提高了，具备了积极向上的精神面貌，才能在行动上更有创造力。思想认识水平的提高是形成创新能力的前提条件，强大的社会责任感是大学生创新的原动力。大学生要提高自身的社会责任感，应该从学习和生活中的点点滴滴开始积累。

第二，打破思维定式，培养大胆质疑的精神。只有打破传统，才能实现突破，才能进行创新。在现代社会的激烈竞争中，只有不断创新才能不断超越他人、突破自我。当代大学生并非没有能力，只是思想没有突破禁锢，没有突破自我。只要勇于打破思维禁锢，大胆想象，大胆质疑，踏实论证，就必然能够有所创新。要想打破思维定式，大学生在遇到问题时就应积极思考，大胆提问和质疑，主动探索。在应试教育的大环境下，高校教师在课堂上居主导地位，大学生在课堂上被动接受知识，长期的结果是形成了知识的单一传递，没有任何进步和创新。因此，教师应该鼓励大学生打破思维定式，在学习过程中积极思考，提出问题，甚至可以提出独到见解，再通过研究和实践形成更深刻的自我见解，这样才能推动大学生形成创新意识与能力。

第三，塑造健全的人格，促进创新意识的形成。一方面，大学生要有坚强的意志。创新活动是走前人没有走过的路，做前人没有做过的事，存在风险，甚至会遭遇失败。同时，大学生创新是艰苦的智力劳动，强大的意志力能够支撑大学生在创新的道路上坚持走下去，避免半途而废，良好的心理状态能更好地激发创新思想，产生更多的创新成果。另一方面，大学生要破除创新畏惧感，相信自己。不是只有科学家才能创新，不是只有重大的科研成果才是创新，每个人身上都蕴藏着创新潜力，只是程度有所差异。大学生应该正确理解创新的内涵，正确认识个人能力，相信自己，这样才能破除畏惧感、增强自信，为提高创新能力打下坚实基础。

3.4.2.2 创新力开发的外部土壤：创新环境的营造

高校是知识创新和人才培养的基地，努力推进自身的变革，为发展知识经济培养更多具有创新意识和创新素质的人才，是高校面临的重大任务。对大学生创新意识、创新素质培养起重要作用的不仅仅是书本和课堂，更重要的是学校的创新氛围。

（1）高校内部创新环境营造。大学生创新能力受到校内外诸多因素的影响，其中，高校内部环境对大学生创新能力的影响是巨大的。进入 21 世纪以后，我国高校内部的创新环境得到明显改善，资源愈发丰富，视野更为开阔，但仍有很多方面有待提高。其具体表现在三个方面：①从大环境来看，我国高等教育资源仍然存在供给不足的问题，这和我国整体经济发展水平紧密相关。虽然相比于中学生，大学生在学习上有很多自主性，但还是摆脱不了应试教育的束缚。应试教育环境，使我国大学的教育相对保守：教师注重理论的传授，忽视对学生思维能力的训练；学生习惯于死记硬背，忙于应付各种考试，不注重思考与实践。师生双方很难在这样的环境下进行创新。从根本上来看，我国高等教育改革没有跟上社会发展的脚步，一方面是受资源的限制，另一方面是因为师生固守传统的教育模式，对创新思想的认识没有真正地植根于高校师生心中。综上所述，我国提高大学生创新素质还有很长一段路要走。②教学内容一成不变，跟不上科学发展的步伐。受教育观念和教育体制的制约，高校教学在课程设置、评价体系、人才选拔等方面都没有形成以培养创新人才为中心的合理有效的机制。具体来说，高校教学缺乏创新，保守的教学方法仍占主流地位。教学过程枯燥无味、毫无新意，教师一味地罗列各种知识点，忙于指挥学生应付考试，不注重学生的参与和反馈，师生间的评价体系拘泥于形式，没有真正体现评价的意义，这是目前高等教育中的常态。这样毫无生机的教学环境，是难以真正有效提升学生创造力的。③教育主体缺乏新颖的教育理念、创新意识和创新能力。从教育管理者到广大教师，都未从根本上摆脱陈旧的教育教学观念的束缚。教学管理决策者在课程设置方面考虑更多的是教育资源的配置和教育成本，在对学生知识结构的影响、创新能力的培养方面往往缺少科学的论证和深层次的思考。教师往往只考虑工作量的完成，以及如何把知识毫无保留地传授给学生，而很少想到有意识地开发和培养学生的创新思维和创新能力。这些陈旧的教育观念严重影响了高校创新型人才的培养。

由以上几方面可以看出，现有的教育环境对提升大学生的创新素质构成了诸多阻碍，因此，必须着力完善教育制度，加强高校内部创新环境建设。我们可以从三个方面改善我国高校的创新环境：①摒弃传统教育理念，树立创新教育观念。传统的教育理念只注重传授书本上的知识，这些知识是没有活力的死知识，显然已经不适应社会发展的需要。而目前所需的创新教育需要创新观念的指导。当然，转变教育观念，并非完全否定传统的知识传授方法，而是要在传授知识的基础上引导大学生走出知识的条条框框，付诸实践、主动思考，从而有所突破、有所创新。只有树立创新的教育观念，才能为提高大学生创新素质提供民主、宽松、开放的良好环境，在客观上为大学生创新素质的提高打好基础。②加大教育投资，培养高素质的教师队伍。20 世纪 80 年代中期，美国发表的一篇题为《国家培养21 世纪的教师准备》的专题报告指出，面向 21 世纪的美国人必须认识到两点最本质的真理：一、美国的成功取决于更高的教育质量；二、取得成功的关键是建立一支与此任务相适应的专业队伍，即一支经过良好训练的教师队伍①。这不仅是美国人必须认识到的真理，更是 21 世纪任何国家想要取得发展所必须遵循的真理。教学质量的提高一方面需要加大教育投资，即增加科研经费、购置相关设施设备、加大创新成就奖励力度等，这样能为大学生提供更好的学习环境和更宽松的创新平台，同时为教师提供更优越的条件以实现创新性教育，为提高学生创新素质奠定物质基础；另一方面需要提高教师队伍的能力，因为高校教师是大学生获得知识的最直接源泉，能够引导学生的创新思考，激发学生的创新思维，开拓学生的研究思路，所以，要想改善高校创新环境，需要加大高校的教育投资，打造高素质的教师队伍。③改革教学方法，构建大学生培养模式。高校在教学方法上应争取从"以教师讲授为中心"向"以指导学生自学为中心"转变，突出学生的主体作用，发挥教师的引导作用。在教学过程中，教师应启发学生多问"为什么"，重视学生创新思维的培养，激发他们的发散性思维，引导他们沿不同角度思考问题。同时，教师在与学生沟通的过程中不能忽视学生提出的问题，因为创新思维往往是一种逆向思维，如果处理不好，就会扼杀学生的创造性。此外，大学生培养模式应是多样化的人才培养模式，随着科学技术和市场经济的发展，社会对人才的需求也呈现了多样化特征。因此，高校的人才培养应采取灵活多样的模式，因材施教。构建大学生培养模式不应过分强调理论化，应重视实践操作性，即教师在与学生进行最直接的交流后，基于对学生的了解，根据学生的实际能力和潜力制订出最适合学生个体的培养方案，其关键是保持实施过程中的灵活性。

高校内部创新环境的营造需要高校从教育思想及方法的改变和硬件设施条件的改善等方面同时下功夫。这是一个长期过程，无法一蹴而就。高校应制定长期的创新发展战略，把创新体现在教育教学过程中的方方面面，逐步使高校内部形成一个良好的创新环境。

---

① 黄晓波、陆文、沙玲、等. 大学生创新能力培养策略探索［J］. 上海工程技术大学教育研究，2008（3）.

（2）社会创新环境营造。良好的社会创新环境可以激发创新主体的创新热情，发挥创新主体的创新潜能，是提升创新能力的非常关键的因素。创造良好的社会大环境对提高大学生创新素质具有重要作用，创业是大学生在社会中发挥自身能力的一种创新行为。在社会中形成良好的鼓励创业的政策、舆论以及物质环境，为大学生提供更多的机会以及更广阔的创新平台，这些都能促进大学生创新能力的提高。其具体体现在三个方面：①社会实践环境的优化为大学生的科技创新和理论创新提供了更好的平台。创新能力培养的途径是落实创新教育内容，通过实践将理论知识转化成实际的创新能力。目前大学生参与专业实践的方式有限，通过假期社会实践了解社会，运用专业知识是很有效的一种方式。如果企业能够为大学生提供更多实践机会，改善大学生的实践环境，则将有助于即将踏入社会的大学生锻炼能力并不断提高创新素质。另外，如果社会对于大学生的科技创新实践给予更多的包容与配合，营造更加宽容的社会环境，那么将对大学生的创新实践起到非常积极的推动作用，必然有助于推动他们的创新行为。②社会创新理念的转变改变了大学生的思维方式。"全民创业"等鼓励创新、创业的政策，激励了大学生的创新精神，激发了大学生的创业动机。在这样的社会创新理念下，实际上已经没有永恒的职业和岗位，不受时间和场所限制的弹性工作、第二职业已不再新鲜，重新发现自己的人生意义也是一种成功。因此，创业作为社会创新的一种实践，已经不再是简单、被动的选择，而是大学生人生发展的机遇。③社会舆论环境的优化培育了大学生创新发展的主体意识。2014年5月，国务院总理李克强召开专门会议，研究出台了降低创业门槛、改变注册办法等多项措施鼓励创业，并于达沃斯论坛上表示，要在中国960万平方公里的土地上掀起"大众创业""草根创业"新浪潮。大学生是中国未来经济的主要力量，为鼓励大学生群体参与创业活动，各层级、各部门相继出台了涉及休学创业、登记注册、融资、税收、创业培训、创业指导等方面的多项政策，旨在通过2014—2017年几年时间，凭借创业教育和创业孵化等方面的政策，使大学生创业率达到10%。对大学生进行科学的创业和就业指导，使大学生摒弃传统保守的就业观，同时避免形成好高骛远的不切实际的片面创业观；使大学生认识到创业不只是自己开公司做老板，更是一种培养自己创新素质的途径，可以使自己在任何岗位上都能有所突破、有所创新，做出别人没有做出的成绩。只有在这样积极的创业观的引导下，大学生才能逐步形成创新的主体意识，以更积极的心态开发自己的创新潜力。

3.4.2.3　创新力开发的实施手段：创新培养的路径精选

路径一：信息辨别与筛选意识的培养。

当今知识爆炸的时代，要求大学生具备信息识别与筛选的意识与能力，能够高效、准确地选择有价值的信息。这样的要求有助于为大学生创新素质的培养提供便利条件。因此，高校既要培养大学生的信息辨别能力，也要培养他们的信息筛选意识。

在信息辨别方面，高校要培养大学生兼顾理论与实践的能力，既要培养大学生的信息意识，也要培养他们使用学习工具有效审核图书馆信息、网络信息的动手能力。首先，高校要加强大学生的信息素质教育。在信息时代，网络化、数字化不断普及，传统图书图片资料更新加快，大学生面对纷繁复杂的信息，很容易迷失自己，无法辨别真正有价值的信息。培养大学生的信息意识，需要进行信息意识教育、道德教育和能力教育。高校应将信息素质教育纳入日常的大学生素质教育中，明确信息素质教育的内容，积极构建信息素质教育模式。其次，高校要加强图书馆建设。高校图书馆与其他地方图书馆及社会信息媒体等交流密切，具有文献信息资源丰富，类型多样，连续性、系统性、完整性强等优点，这是其他信息机构所无法比拟的。因此，高校图书馆应承担大学生信息意识培养的重任。高校图书馆应组建一支强有力的管理团队，学校应赋予这支团队较大的权力，使其不受控于学校其他行政机构，专注管理图书馆各项事务。高校图书馆应加强对图书的审核，并加深与其他高校图书馆的联系，从而为大学生提供良好的信息空间。同时，高校图书馆还应适应信息时代的发展需要，加大投入，建设自动化、网络化的现代型图书馆。最后，高校要提高大学生网络信息辨别能力。在信息时代，网络信息真假难辨，高校应加快文献检索课程的教学改革，同时，应充分发挥图书馆的教育职能，利用网上图书馆、电子文献的教育功能引导大学生"健康地"检索所需资料。

大学生应具有信息筛选意识。高校要帮助大学生形成这样的意识，可以从以下两个方面着手进行：

（1）鼓励大学生积极参与课题调研活动。大学生应努力将自己所学的理论知识应用到实践中，通过参与课题研究，有意识地提高自身创造性思维，从不同角度捕捉有用的信息，提高自身的研究能力，以此来加深对信息的体会、增强信息意识、提高信息驾驭能力，从而形成积极健康的信息价值观。

（2）注重大学生心理素质、媒介素质培养。当代大学生普遍有信息迷失症、信息强迫症、网络信息恐惧症等心理症状，因此，必须在学校统筹的教育指导下，注重加强心理素质、媒介素养培养，提高识别和抵制不良信息的能力。媒介素养是指人们对各种媒介信息的解读和批判能力以及使用媒介信息为个人生活和自身发展服务的能力。媒介素养教育就是使大学生掌握媒介的相关知识的教育，建立获得正确媒介信息和判断信息价值的知识结构，使大学生成为媒介的主动参与者，而不是局限于媒介信息的被动接受者。

路径二：精英意识的培养。

精英是知识群体中的出类拔萃者、佼佼者。目前社会的发展迫切需要各行各业的领军人才，按照完成创新教育高标准使命的要求，高校应当承担起精英教育的重任。所谓精英教育，主要体现为一种渗透性的教育思想，一种超越性的价值追求①。可以认为，培养大学生的精英意识能够更好地激发大学生的创新意识，可以激励大学生源源不断地迸发创新能量，维持创新的持续性。

精英意识的培养重在突出以下几个方面：

（1）增强自身心理素质，要有强大的内心世界。强大的心理素质可以使大学生敢于面对各种艰难险阻，并努力取得成功。大学生要增强心理素质，可以从五个方面努力：①重视自我引导。人的心理会影响情绪和行为，对自己进行积极的认识和评价，必然会产生良好的情绪并获得可观的活动效果。大学生应充分认识到自己的优势，要相信自己能够做成许多事情，并要善于积极表现自己，采取主动，以积极的方式展示自己的综合能力。②注重自我加强。自信心需要在不断的实践中得到积累。③具备坚强的意志力。意志力是为实现一定目标而勇于克服各种困难的内在力量，是主观能动性的体现，是成才所必备的心理品质。④有实干精神。任何发明创造和事业的成功，都不是凭空得来的，只有通过扎扎实实的努力才能实现。⑤注重强化训练。大学生应通过各种渠道锻炼自己的综合能力，包括表达能力、人际沟通能力、团队协作能力、组织领导力等。

---

① 雷晓云. 精英教育：一个需要关注的课题：兼论精英与精英教育的规定性［J］. 现代大学教育，2001（6）

（2）高校之间应构建联合培养本科生机制①。高校之间特色差异明显，尤其是理工类院校和人文类院校之间，如果能够打破学籍限制，取长补短，使大学生接受交叉性教育，那么将更有利于培养顶级人才。未来，我国的高校也可以进行区域间联合培养，如跨校选修课程、选送校际交换生等，以此来实现资源共享、优势互补，为培养精英创造良好的条件。

（3）大学要为精英教育进行合理定位和科学设计。当前，国内大学普遍以构建综合性、研究型大学为目标，精英意识正在被遗忘。然而，只有让大学生真切地感受到自己是这个社会的精英，肩负着为社会与国家做杰出贡献的重任，才能激发他们的深层次潜能。美国加州理工学院作为全球顶尖级理工学院，聚集了世界上的顶尖级教授，该校每年入学的本科生只有800人（均是来自世界各地的优秀学生），而他们中每年仅有200余人能够按期拿到学位证书。就是在这样的压力和竞争之下，加州理工学院为世界培养了无数伟大的科学家，每千人中即有一名诺贝尔奖得主。加州理工学院的每一名学生都感到自己位列精英行列中，必须要全力以赴才无愧于这份荣耀和责任。中国有着独特的国情，人口基数大，高等教育底子薄，并不能奢望所有的大学都办成这样的学校，但是我们必须确定好学校的定位和办学特色。大学的价值追求就是要努力形成富有特色的大学理念、大学思想、大学文化以及人才培养定位与模式，使学校成为个性化的大学，成为异质性很高的大学。

路径三：个性化培养。

当今世界是一个注重个人魅力、需要创新的世界，所以极其需要个性鲜明、积极向上的个体。为了适应社会的需求，当前高校应重视大学生独特能力的培养，使其成为异质性人才。个性鲜明是创新的前提和基础，创新型人才培养呼唤个性化教育的提高。

（1）高校应该确立以个性化培养为核心的多元质量观，即在保证专业人才培养规格的前提下用一种开放、灵活的教育体系保护和发展学生个性。高校应该对于学生的不同能力给予同样重视，在学生的个性化培养过程中要引入心理测试、智力测试等，自学生入学起即建立个性档案，通过观察、沟通、分析和研究，确定学生的不同能力，据此制定适合学生个性发展的目标和措施，随时跟踪反馈数据，因材施教，使每个学生都得到相应的发展。

---

① 王磊.大学教育，应深化精英意识［J］.中国海洋大学校报，2010（1650）.

（2）培养个性化人才要注重对教学方法的研究。个性化教育有两个前提：尊重学生的个性，创造有利于学生个性发展的条件和环境。因此，个性化教育的培养模式应多样化和弹性化，教学方法应该具有开放性和主动性。我国高等教育虽然十分重视教学方法的研究，但是"重教法、轻学法，重结果、轻过程，重理论、轻实践"的做法依然非常严重，与个性化教育和创新型人才培养相距甚远。因此，要转变和改善教学方法，首先，应设计好启发与互动，包括如何以问题开头、讲授方式的设计等。总之，要当个好"演员"，要引起"观众"的兴趣，就一定要设计好"剧本"。其次，要提高教学艺术。教师的言行对于学生的学习兴趣有着直接影响，要注重自身魅力和教学艺术的提高。教师应该有得体的仪表、精彩的语言表述、挥洒自如的教态、简练的办事风格、敏捷的思维、娴熟的解题技巧，以此吸引学生专注于课堂教学，引发学生学习兴趣。只有教师获得学生认可与好评，教学内容才能真正激发学生的学习与研究兴趣。再次，要致力于开放式教学研究。不局限于传统的"一本书"，大力倡导课外阅读；打破"一言堂"，给学生适当的"自由"，允许发表个性化见解；切忌将知识点讲得"完美无缺"，适当给学生自学留有余地和空间；改变就题论题的千人一面，通过设置不同的课外习题刺激并开发学生的创新意识，充分发挥学生的个人智慧。

（3）个性化人才培养要注重实践，为学生搭建实践平台。我国的高等教育颇为重视实践环节，每个学期都会鼓励学生进行社会实践。然而，虽然高校对这些社会实践设定了相应的要求和奖励，但是却没有适时地引导学生更好地进行实践。同时，与发达国家相比较，我国学生在解决问题时相对缺乏个性和创新办法，故创新精神和能力有明显欠缺。这些现象的产生主要应归咎于我国"被动实践"的传统教育模式。

路径四：专项性培养。

进入21世纪，在经济全球化浪潮的冲击下，世界各国普遍面临国际化、信息化的趋势。我国正处于这一趋势的关键发展阶段，迫切需要社会各行各业贡献精英人才。高等教育作为培养社会需要的优秀人才，输出人力资本的第一平台，负有不容推卸的责任。高等教育必须适应市场和社会的需要，站在民族复兴的战略高度，设置合理的教学体系，全方位提高大学生的素质，对大学生进行专项性培养，真正完成教育兴邦的使命。

（1）构建专项性教学体系的基本理念①。把"素质教育"的指导思想作为确定课程内容的基本出发点，根据大学生的兴趣、教师优势、教学设备等具体情况确定课程内容。教学中注重鼓励大学生参与各种学习活动，使大学生逐步形成终身学习的意识，掌握独立自主学习的知识方法，通过教学活动提高大学生的学习能力、思考能力、团队合作能力等多种能力；采用多元化的评价手段，关注大学生多维度的发展和进步，关注大学生的个体差异，把大学生进步幅度纳入评价内容；努力提高教师的教学素养，不断完善教师的知识结构、能力结构，以适应现代教育需要。

（2）大学生专项性培养的具体措施。

首先，创新教学思想。培养专项性人才的教育观念要求高等教育把培养大学生的创新能力和实践能力，以及提高大学生的人文素养和科学素养放在首位。总的来说，高校要从之前的片面强调培养人才为社会服务向强调促进社会与人的发展相统一转变，由应试教育向创新型教育转变，由强调传授知识向强调学习能力、创新能力的培养转变。

其次，更新教学内容，建立多层次教学体系。面对知识经济社会带来的挑战，仅依靠单一的专业知识的获取是很难实现创新能力培养的。随着科学技术综合趋势的日益增强，学科与学科之间的交叉，特别是自然科学与社会科学之间的交叉日益明显，我国高校更加倾向于培养全方位发展的大学生。为了适应教学目标的改变，高校应选择以素质教育、能力培养为核心的教材，更新教学内容，使教学内容更具有科学性、全面性、实效性；打破院（系）限制，鼓励大学生根据自己的兴趣自由选择选修课，增加选修课门类，真正做到面向全部大学生，因人而异，因材施教，形成多层次教学体系。

再次，创新教学模式和方法。教师在进行教学活动时如何平衡好知识的传授与创新实践能力培养的关系，是当前发展创新教育需要解决的问题。创新精神与实践能力的培养，是21世纪高等教育的重要任务，教师在进行课堂教学中既要关注教学内容，又要注重对学生创新能力的培养。高校应鼓励教师学习国外的先进教育思想，将其运用于教学实践，积极采取启发式教学法、问题发现法等新颖的教学方法。教学要以大学生为中心，教学活动要围绕大学生进行，引导大学生主动学习。采取相对评价指标和

---

① 田振生. 构建高校体育教学创新体系 培养大学生多元化素质研究 ［D］. 保定：河北农业大学，2004.

弹性评价指标相结合的方法，把学生的个体差异纳入考评体系，科学、合理地评定大学生的学习效果。

最后，根据课程需要开展多种课外实践活动。高等院校要在做好日常教学的同时，充分利用各种条件和资源，根据大学生的实际需要，规范有序地开展各种实验、实践活动。人文类院校和理工类院校在教学内容和大学生知识架构上存在差异，因此，在开展课外实践活动时要区别对待，合理配置资源。

对于人文类院校，创新训练活动的形式主要包括：邀请校外知名专家、校内知名学者举办学术报告会议；举办大学生学术节，组织学术交流活动，为大学生创新研究提供交流经验、展示成果、共享资源的机会，以培养他们的创新思维能力。另外，应充分利用学校的多媒体和网络教学资源，把最新的国家政策、最受关注的热点、最前沿的理论和研究成果渗透到本学科教学之中，引导大学生发现新问题、探求新思路。尤其是财经类专业的大学生，要时刻关注瞬息万变的财经热点问题，不断尝试运用经济理论解释热点、难点问题，要有主动学习和进行研究性学习的意识。

理工类院校更加强调实践和实验，其创新训练活动的形式主要有：①建设大学生创新实践示范基地，使具有实践能力和创新能力的大学生脱颖而出，既包含建设校级示范基地，从而在基本硬件设施方面满足大学生实验要求，也包括依托院（系）实验室建设创新实践分基地，在不同专业大学生中扩展创新教育成果，这些分基地有固定的活动场所和设备，依托所在学院和实验室的优势开展具有不同学科特色的创新教育实践活动。同时，依托院（系）建立研究小组，大力推广科学研究。学校应该充分调动教师积极性，依托师资优势成立各类研究小组，让更多大学生有机会参与教师的科研活动。②积极构建创新教育模式。学校应该逐步探索与创新教育硬件平台建设相配套的"产学研结合、课内外结合、校内外结合"的创新教育模式，积极促进学校和企业的合作。这种模式的形成，有助于搭建具有本校特色的创新教育软件平台，为各类创新人才成长提供不可或缺的软环境。③设立大学生科技创新基金以及科技竞赛专项经费。为了鼓励更多的教师参与创新教育实践，吸引更多的大学生参加科研活动，学校应该定期举办各类竞赛活动，如电子设计竞赛、数学建模竞赛、机械设计竞赛等活动，积极组织推荐大学生参加国际、国内等各类大学生科技竞赛。

3.4.3　叠加模式之生涯发展辅导

3.4.3.1　生涯发展辅导的相关概念及其属性概述

与职业生涯比较，生涯具有更广的内涵和范围，也更具有人性的意义。换言之，生涯的定义有狭义和广义之分：狭义的生涯系指与个人所从事的与工作或职业有关的过程，与一般所谓的"事业"意义相同；广义的生涯系指个人整体生活形态的发展与过程。随着社会的发展和文明的进步，现代学术界开始更多地关注广义的生涯。对于生涯与生涯发展，由于专家、学者所处的年代不同、研究的角度不同、看法不同，因此所下的定义也不相同。下面列举一些学者对生涯与生涯发展的定义。

沙特尔（Shartle，1952）认为，生涯是指一个人在工作生活中所经历的职业或职位的总称。麦克弗兰德（McFarland，1969）认为，生涯是指一个人依据心中的长期目标所形成的一系列工作选择以及相关的教育或训练活动，是有计划的职业发展历程。霍德和班那兹（Hood & Banathy，1972）认为，生涯包括个人对工作或职业的选择与发展，对非职业性或休闲活动的选择与追求，以及在社交活动中参与的满足感。霍尔（Hall，1976）认为，生涯是指人终其一生，伴随工作或职业的有关经验与活动。舒伯（Super，1976）认为，生涯是生活中各种事件的演进方向和历程，它统合了人一生中的各种职业和生活角色，由此表现出个人独特的自身发展形态；它也是人自青春期至退休后，一连串有酬或无酬职位的综合，除了职位之外，还包括与工作有关的各种角色，如学生、退休者，甚至包含副业、家庭和公民的角色。麦克丹尼尔斯（McDaniels，1978）认为，生涯是指一个人终其一生所从事工作与休闲活动的整体生活形态。金兹伯格（Gysbers，1981）认为，生涯是指整个人一生中所有角色、环境与事件对自我发展的影响。韦伯斯特（Webster，1986）认为，生涯是指个人一生职业、社会与人际关系的总称，即个人终身发展的历程。李大伟（1986）认为，生涯包含个人由年轻到年老的种种作为、活动及经验，不仅包含工作或就业，也包括整个生活。因此，生涯即指个人的一生不断成长、发展的过程。金树人（1988）认为，人一生中因所扮演的一系列不同的角色和职位，及其所影响的工作及休闲生活，而形成个人独特的生活方式，就称为生涯。

　　生涯发展是一个终身的历程，是指个体在终身发展的历程中，通过心智成熟变化、社会角色义务的转换及其与环境之间的交互作用，在不同的发展阶段衍生出不同的生涯抉择，进而形成自己独特的包含各种生活角色、工作职务与休闲活动的综合性生活方式①。

　　生涯发展辅导（Career Guidance）的前身为职业指导与职业咨询，产生于 20 世纪 60 年代的西方，20 世纪 70 年代在美国兴起，之后波及世界各地，产生了广泛的影响。起初，职业指导是由被誉为"职业辅导之父"的美国学者帕森斯（Parsors）于 1908 年在波士顿为就业困难的社会青年提供的帮助。当时所指的职业指导，是指导者根据心理学中人与事匹配的理论，对职业选择或决定有困难者进行的帮助活动。持这种观点的早期代表人物是帕森斯和威廉姆斯（Williamson），近现代代表人物主要有霍兰德（Holland）。他们都特别强调个别差异，注重人格特质与职业选择的匹配关系。帕森斯在其 1909 年出版的《职业选择》一书中提出，明智的职业选择要考虑三个因素：①自我认知，即清楚地了解自己，了解自己的态度、能力、兴趣、志向、限制及其原因；②认知职业世界，即了解各种职业所需要的知识以及各种职业中成功必备的条件；③对以上两种认知进行明智思考，实现人职匹配。

　　1978 年，麦克丹尼尔斯将生涯发展辅导明确定义为：依据一套系统的辅导计划，通过辅导人员的协助，引导个人探究、评判并整合运用有关的知识、经验而开展的活动。这些知识、经验包括：对自我的了解；对职业世界及其他相关影响因素的了解；对休闲活动给个人生活的影响与重要性的了解；对生涯规划和生涯决定中必须考虑的各种因素的了解；对在工作与休闲中达到成功或自我实现所必须具备的各种条件的了解。国内学者樊富珉在充分考虑我国国情的情况下提出，生涯发展辅导的内容应包括：对自我状况的了解及个人价值观的澄清；对生涯规划及生涯决策能力的培养；发现并发掘个人的潜能；给予个人充分的机会；以独特的方式去发展及表现个人的才能②。

　　经过几十年的发展，生涯发展辅导理论已经从传统教导式的职业指导转变为更加人性化的、强调发挥被指导者作用的职业辅导，其研究重心已

①　占颖玉. 自我概念对大学生生涯发展影响的研究：以集美大学学生为例 [D]. 厦门：厦门大学，2007：12-14.
②　吴婷婷. 生涯发展辅导对大学生自我同一性发展的影响研究 [D]. 武汉：华中科技大学，2006：37-39.

经转移到员工职业生涯规划与组织职业生涯规划二者的平衡上。尤其是在以罗杰斯为代表的人本主义心理学思潮和职业指导心理学发展学派的推动下，逐步形成了"躯体、心智、情感、心力融为一体"的"全人教育"理论体系。生涯发展辅导也就从单纯的职业指导开始转向生涯教育，形成以"自我概念"发展潜能培养为核心内容的"全人"辅导模式，目标指向人的发展的终极关怀。

3.4.3.2 生涯发展辅导理论用于大学素质教育的理论与实践

20 世纪七八十年代，职业生涯规划理论更倾向于从组织视角考察个体职业发展。米尔克维奇、布鲁克和伊凡瑟维奇都从组织角度研究个体职业发展，提出了共荣共生理论和职业生涯发展的战略观，认为组织与员工共同成为职业生涯规划主体，实现了职业生涯规划研究的转向。这个阶段也是生涯规划教育在美国广泛推广和全面实施的主要时期，至此，生涯规划成为现代学校教育与心理辅导的重要组成部分。在职业生涯规划的众多理论当中，生涯认知理论被公认为职业生涯主流的理论体系，职业选择与职业发展只是生涯中的一个系统。此外，心理层面的问题仅是一部分，不能忽视社会、经济等方面的影响。职业的选择应当是一个相对开放的系统，随着时代的变化，职业选择也将发生相应的变化。

20 世纪末期，西方的职业生涯规划理论强调实现个人与组织的双赢。美国加利福尼亚州大学教授亚瑟·谢尔曼（Arthur Sherman）等人对不同时代职业生涯规划研究进行的重点考察表明，90 年代的研究重心已经转移到员工职业生涯规划与组织职业生涯规划二者的平衡上。

20 世纪 70 年代，在人本主义心理学思潮和职业指导心理学发展学派的推动下，美国学校从单纯的职业指导开始转向生涯教育，并逐渐形成以"全人"辅导为主要模式的生涯教育体系，生涯教育特别重视人格的培养，目标指向人的发展的终极关怀。

霍兰德（1974）列举出生涯教育系统之六大功能：①建立概念架构，主要指确立理论基础，界定基本概念和方案的基本假定；②处理相关资讯，即搜集、评估和储存可取得的相关资源和其他资讯；③评估需求，也就是评估学生、教师、父母、受雇者、雇主等方案之不同服务对象的需求，以安排方案的优先顺序；④形成管理计划，主要是界定学生或受雇者之行为目标或方案目标，掌握执行计划时的资源和限制；⑤执行方案，也就是将方案付诸行动，为员工提供在职进修机会，取得所需的资源和材料，提供和方案目标有关的经验；⑥评鉴方案系统，即评鉴方案执行过程及参与者在知识、技巧、态度上的改变，确定方案的目标是否达成。

研究与实施职业生涯规划在我国尚处于起步阶段，许多高校对大学生职业生涯规划指导的重要性认识不足，职业生涯规划的方法、途径比较单调和有限。

20世纪初，在西方国家的影响下，由教育家黄炎培倡导，联合吴廷芳、梁启超等人，创立了以沟通教育与职业教育为主的"中华职业教育社"，针对当时国内学校教育和生活脱节、职业结构改变、人力供需失衡以及国民职业教育观念缺失的事实，大力推动生涯教育，提出了以"无业者有业，有业者乐业"为终极目标的职业教育思想体系[①]。这是中国教育者第一次将国外的职业指导模式应用于国内的实践中。其后，邹韬奋发表了《中国职业指导现况》等文章，并出版了《职业心理学》等著作，进一步推动职业生涯规划教育在当时中国的发展。

中华人民共和国成立后，长期实施计划经济体制，高校毕业生就业全部采用分配制度，使职业生涯规划失去了意义，我国职业生涯规划的研究和实践几乎陷入停滞的状态。

20世纪90年代后期，随着现代劳动力市场的建立与规范以及政府指导与市场竞争的发展思路的确立，具有中国特色的职业生涯教育理论和实践模式的基本框架初步形成，职业指导迅速开展，职业生涯规划理论再次引起国内学者的重视。中南财经政法大学的赵曼和陈全明，人事部人事科学研究所副研究员罗双平，时任上海市教育科学研究院普通教育研究所教育心理研究室主任的沈之菲，上海交通大学心理教育研究所常务副所长、职业指导师雷五明教授等，对职业生涯规划的概念、内涵、历史沿革以及相关理论进行了比较系统、翔实的阐述，开始将国外优秀的职业生涯规划理论引入我国大学生职业生涯规划研究中并加以发展，形成了我国大学生职业生涯指导的理论雏形。

樊富珉（1991）在充分考虑国情的情况下提出，生涯发展辅导的内容应包括对自我状况的了解及个人价值观的澄清，生涯规划及生涯决策能力的培养，发现并发掘个人的潜能，给予个人充分的机会，以独特的方式去发展及表现个人的才能。大学生生涯发展辅导存在的特点有：发展性、针对性、社会性、辅助性、长期性。高桂娟（2007）针对我国大学生职业生涯规划发展的情况，提出其在我国发展中存在的误区，并且指出我国大学

---

① 池忠军．简论大学生就业指导的理念及其模式架构［J］．中国高教研究，2002（5）．

生职业生涯规划要从就业指导向职业生涯教育进行转变。杨勐（2012）从社会需求、学生层次、育人环境三个方面来分析大学生职业生涯规划，同时利用层次理论来分析大学生的上学动机，试图进一步推动大学生职业生涯规划与求学目的相结合。张海娟等（2017）主要研究了当前我国大学生职业生涯规划教育中存在的问题以及大学生职业生涯规划存在问题的内外因素，在此基础上提出当前我国大学生职业生涯教育要以大学生发展为主，提高针对性和有效性，打造全方位的育人格局，建立联动育人长效机制。

总结归纳上述理论与应用可知，大学生生涯发展是大学生在大学阶段所面临的生涯发展过程，是小学、初中、高中的延续，也是步入工作岗位的前奏。"成家"和"立业"是青年面临的两大任务，但如前所述，从内涵上讲，工作、家庭、休闲等多个层面的生涯是以职业生涯为主轴的，而在大学生的生涯发展中职业角色发展统摄着其他层面。在这一过程中，他们需要进行专业选择，了解自我，了解社会，提高职业生涯规划与抉择的技巧和能力，以有准备的方式进入社会并承担社会、家庭责任。在此理论方面，许多学者进行了具体的解读。郑日昌（1999）将大学生择业动机的影响因素归为10类：职业的社会意义、职业的社会地位（声望）、职业的经济报酬、职业的个人条件适应性、职业对发挥个人才能的适宜性、职业的技术构成、职业的劳动强度、职业对组织家庭的作用、职业岗位的人际关系和职业岗位的地理因素。沈之菲（2000）指出，大学生生涯发展指导的具体内容包括：协助学生选系与转系，协助学生自我了解并了解工作世界，协助学生提高生涯决策的能力，协助学生步入工作世界[1]。

随着理论的日臻成熟和实践应用的不断深入，在高等教育实践领域，大学生生涯发展辅导逐渐突破原来主要集中在职业选择方面的局限，进入全面实施素质教育的新阶段。大学生生涯发展辅导重新定义了内容：以大学生心理发展规律为依据，以生涯发展为着眼点，根据系统的辅导计划，帮助大学生了解自我，明确生涯发展方向，正确理解、整合和运用各种知识与经验去解决生涯发展中遇到的各种问题，促进自身生涯发展的一种活动。

大学生生涯发展辅导的作用变得更加全面，成为帮助大学生依据个人的生理、心理特点认识自己，选择适宜性职业的一项专业性工作，其内涵

---

① 李亚真. 大学生生涯发展的相关因素研究［D］. 福州：福建师范大学，2005：26-28.

丰富，强调以大学生为主、以人为本的思想，作为一项教育实践活动贯穿于整个大学教育过程。大学生生涯辅导的实质和核心是引导大学生通过自我认识，促进自我成长，最终达到自我实现的目标。真正实现了舒伯归纳的生涯辅导三种时间因素贯穿：一是对过去痕迹的"省视"；二是对目前发展状况的"审视"；三是对未来发展的"展望"。过去是现在的成因，现在又是未来的基础。生涯辅导应该以被辅导者的实际情况为基础，在辅导的过程中充分调动被辅导者的积极性，使其主动参与到辅导的过程中，以增强辅导的效果。

大学生生涯辅导实施领域也拓展为校内辅导和校外辅导，辅导主体呈现多元化。狭义上，校内辅导主体有学校专职教师、学生辅导员、行政人员、专业的生涯辅导人员、学生团体负责人等，而家长、经济学家、文化名人、教育专家和生涯辅导专家成为校外辅导的主体。校内和校外多方配合，共同为大学生的生涯辅导服务。广义上，大学生生涯辅导的主体是整个社会，大学生生涯辅导的客体是所有在校学生，而不仅仅是毕业班的学生，大学生本人则是辅导主体和客体的统一者①。

从目前我国高等教育实践看，将生涯发展辅导理论很好地应用于素质教育，还需要在下述几个方面加强顶层设计和技术实施：

第一，更加重视增强大学生有效的自我评估与定位能力。大学生在进行职业决策时，要根据自己的个性特征来选择相应的职业种类，即做到人职匹配。如果匹配得好，则自己的个性特征与职业环境相一致，工作效率会提高，职业成功的可能性会大大增加；反之，则工作效率会降低，职业成功的可能性会大大减少。大学生的自我评估与定位可以采用橱窗分析法、SWOT分析法、自我测试法和计算机测试法等，大学生可以通过这些方法全面了解自己、认识自己，并以此为基础规划和设计自己的职业生涯，根据自身的兴趣、能力、价值观、行为风格、个性特点等有关职业发展的要素进行分析、判断与评价。

第二，建设专业化的职业生涯规划教育教师队伍。为了改变目前我国高校普遍缺乏专业专职的职业生涯指导教师，相关指导老师对职业指导的理论和实践缺乏系统的了解，职业生涯规划教学形式单一，难以真正系统、专业地对大学生的职业生涯进行指导的现状，必须加强专职教师队伍

---

① 刘宵琳. 基于生涯辅导理论的我国大学生生涯辅导体系的构想［D］. 长沙：湖南师范大学，2010：40-42.

建设。其主要手段有：建立多层次化的教师队伍；建立由专职人员、兼职人员、外聘专家等构成的师资队伍；定期对现有教师队伍进行专业化、专家化、职业化的培训。可以根据不同大学生及其发展的不同阶段，有针对性地安排相应层次的教师和专业人士对大学生进行个性化的职业生涯规划指导。

第三，建构起大学四阶段生涯发展全程教育体系。学校应针对学生大学期间四个发展阶段的特点，采取丰富的形式，探索建构全程生涯教育体系，帮助学生从入学开始就树立就业意识。全程教育体系的主题应围绕以下四个阶段：①入学适应阶段：提升规划意识，促进学业人际管理；②能力提升阶段：提升责任意识，促进综合能力提升；③发展定向阶段：提升探索意识，促进职场探索行动；④求职攻坚阶段：提升求职信心，促进求职能力提升。其中，针对全体学生应实施全员覆盖式教育，在生涯发展关键期进行重点指导，针对确实存在困难的学生实施深入帮扶，保证资源合理配置，使得体系能够以学生为中心，更加关注学生的自主性激发、深层领悟与行为转变，让每个学生均能找到适合自己的受教育方式。

第四，开发系统的职业生涯规划课程。高校应根据大学生不同阶段的需求，从课程计划、课程设置、课程内容、课程资源等方面进行规划。职业生涯规划课程是大学生职业生涯规划教育的基础，建设高品质的职业生涯规划教育课程，是有效开展大学生职业生涯规划教育的必由之路。职业生涯规划教育课程应该既涉及知识的传授、技能的培养，也涉及受教育者态度、理念的转变，是理论、实践、经验相融合的一门综合课程。要把大学生职业生涯规划教育列入正规高校各专业的教学计划之中，使其成为必修课。在课堂教学以外，还应增加辅助性的专家讲座与专题会议，快速提升大学生的就业能力和就业技巧。

第五，与用人单位建立稳定、长期的合作关系。与用人单位建立长期合作关系，向用人单位多方位推荐本校毕业生。各高校都有一些关系较稳定、长期合作的用人单位，在此基础上，学校应主动扩大与社会各部门的联系，通过多种渠道、多种形式向用人单位宣传学校，推荐毕业生，为企业提供招聘咨询，向企业传递人才信息，宣传学校，让企业了解学校和学生，使供需双方的信息对称，使用人单位重视本校所培养的人才，为毕业生创造更多的就业机会。让学生到一些重点单位实践、实习，增强学生和用人单位之间的相互了解，激发学生的学习动力，为将来的求职积累有价值的经验。通过职业指导，促进人力资源的合理流动与优化配置，形成一个能够有效开发大学生人力资源、提高人力资源利用效率的市场运行和企业运营机制，形成有利于大学生创新意识、创造能力发挥的利益机制。

3.4.4　叠加培养模式的理论小结

大学生人力资源开发理论以及基于对大学生实施全面素质教育的生涯发展辅导理论，分别被实践证明是对大学生实施全面素质教育的成熟理论，但是，大学生生涯发展辅导与人力资源管理在大学微观情境下有效衔接的理论与实践在现实高等教育中并不多见，甚至是空白。事实上，这两种理论相互叠加、有效衔接，共同作用于大学生创新力的开发是有清晰和成熟的逻辑脉络的：选取大学生人力资源学习力属性作为大学生人力资源与生涯发展辅导的有效结合点，将高等教育中人才的重要素质之一创新素质作为大学生人力资源学习力属性而进行有效开发，从而将依托发展辅导实现的大学生人力资源开发回归为大学生学习能力的开发，即提升大学生在权变情境下动态地实现知识重新架构的能力，为高等教育受教育者向综合素质优秀且兼具高胜任力的人力资源转化的机制研究提供扩展的理论基础。从这一点来看，这种叠加式培养模式理论创新应属于理论边际创新。

"人力资源开发+生涯发展辅导"这种叠加模式培养方式就是基于人力资源开发视角，结合目前的教育现实，意在加强大学生职业生涯规划教育和促进大学生自我认知的一种新模式。

高等教育作为一种特殊的人力资源开发过程，具有一定的特殊性，其原因主要在于：①大学生是一种特殊的、间接的、尚待开发的、处于潜在形态的人力资源，其能力更多地体现为学习和思考的能力以及工作潜力，并不具有很强的直接创造物质财富和文化财富的能力；②高校与企业的人力资源部门的功能并不完全相同，高校对大学生专业素养和职业能力的开发往往要由数年后的外部市场来检测，而企业人力资源开发的结果可以迅速进行检测评估。

在人力资源开发视野下，大学生就业工作的定位就是以市场为导向，使大学生个体价值、学校培养价值和市场价值三者接轨。高校、大学生都要把发展目标和市场需求相结合。人力资源开发的关键就是要面向市场需求办学，以满足市场经济发展的需要作为基本方向。市场经济的发展要求高校走产、学、研相结合的道路，培养出受市场青睐的人才，因此要改革传统的教学体制，改变旧有的教育模式，确立新的适应就业市场的教学内容，建设有利于人力资源开发的课程体系和教学方法等。另外，要不断加强高校的外部开发力度，从人力资源管理的视角规划大学生的职业生涯，不仅要按照市场需要整合高校内部资源以提升竞争力，还要通过创设或控制一定的就业指导因素，积极引进市场中的先进科技及先进思维，对毕业生进行实际有效的就业指导及职业培训。可见，科学地将人力资源开发理论与生涯发展辅导理论有效结合，不仅有利于大学生的职业生涯规划，而且对高校其他教育工作也大有裨益。

4 从基础到控制：创新力开发模式的机理分析

机理分析是指为实现某一特定功能，理解一定的系统结构中各要素的内在工作方式以及诸要素在一定环境条件下相互联系、相互作用的运行规则和原理，通过对系统内部原因（机理）的分析研究，找出其发展变化规律。"人力资源开发+生涯发展辅导"作为创新力开发的模式，说到底是大学紧紧围绕大学生创新素质培养而开展的教育培养的活动，这一活动是一个庞大而复杂的系统工程，人力资源开发、生涯发展辅导、教育培养都有自身成熟而具体的规律可循，组合在一起施加于大学生创新力开发，更是不同系统的逻辑连接，深入分析、找出内在联系和规律，对于完善系统架构、精准设计实施路径、科学构建评估和修正体系，最终达到运用这一模式进行创新力开发的目的，无疑具有重大现实意义。我们将这一模式体系划分为八个有机部分，分别为基础、导引、平台、体验、技能、动力、主导和控制，八个部分相互关联、相互影响，共同构成系统体系，如图4-1所示。

4.1 创新之基础：通识教育体系

创新是民族进步的灵魂，我国大学担负着为社会主义现代化建设培养和造就高素质创新型人才的使命，是培养和造就高素质创新型人才的摇篮。因此，大学教育的质量和方式对创新能力的培养有重要的影响。通识教育是大学教育的重要组成部分，强调超越功利性和实用性的人文教育，通识教育的科学合理设计有利于激发大学生的创新潜能，有利于培养创新型人才。

通识教育是素质教育最有效的实现方式，也是当前高等教育改革的重点，它以独特的教育理念适应了创新型人才培养的需要。通识教育课程作为通识教育重要的载体，其设计得科学与否直接影响着创新型人才培养质量的高低。因此，完善通识教育课程设计，对培养创新型人才有着重要的意义。

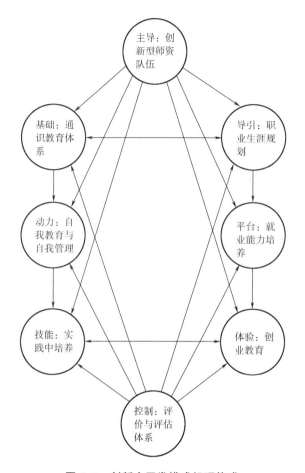

图4-1 创新力开发模式机理构成

4.1.1 通识教育与创新型人才培养

当前，关于通识教育的内涵，国内外众说纷纭，各有见地，但有一个一致的价值取向，那就是通识教育的目的在于培养"完整的人""健全的人"，重在"育"而非"教"。通识教育是通识教育理念和通识教育实践的统一体，是高等教育的重要组成部分。它是一种内容广泛且非专业性的、非职业性的、非功利性的教育，是造就具备远大目光、通融识见、博雅精神和优美情感的人才的高层文明教育和完备的人性教育，目的是把大学生培养成为健全的个人和负责任的公民，其实质是在自由社会中对"和谐发展的人"的培养。

大学通识教育向大学生提供一种广阔的文化教育，涉及人文科学、自然科学、社会科学等多个领域，重点在于提升大学生的哲学社会科学素养、人文素养、自然科学与技术素养、美学艺术素养、实践能力素养等。通识教育的方式灵活多样，有跨专业、跨学科自由选课，开设必修课和选修课，开展课堂教学和课外活动，做实验和开展实践活动等多种方式，可以让大学生在轻松自由的学习环境中扩充知识面，开阔视野，为大学生进行创造性思索和开展创造性活动提供广博的知识基础。

通识教育课程是高校课程的重要组成部分，它是与学校的专业课程相对应的一个概念，泛指专业课程以外的所有课程，涉及范围广而全，为学生提供的是普遍性与一般性的知识，实质是对自由与人文传统的继承。通识教育课程的设置以通识教育的理念为指导，根据通识教育所要求的目标设计课业及具体进程。

当前，中国在世界上的地位举足轻重，但自主创新能力的欠缺使我们与发达国家相比还存在很大差距。如今中国的高等教育仍存在很多弊端，诸如博学与精专难以统一，只注重专业人才的培养，局限于专业知识的传授，强化操作层面的实务学习和技能训练，采用单一的培养模式和教学评价方式，弱化了学生的个性发展，缺乏创新的文化环境和学术氛围，忽视对学生创新意识和创新能力的培养。为了更好地应对激烈的国际竞争，推动经济和社会建设可持续发展，尤其是满足创新型国家建设对人才的需求，改革高等教育的弊端，培养创新型人才就成为关键之举。近年来，通识教育越来越受到人们的关注，也成为高等教育改革的重点。通识教育不但要求学生具备广博的知识和融通能力，而且还希冀学生在品格、身体、艺术等各个方面均衡、全面、系统地发展，并在其中体现个性、发挥特长；不仅培养学生的独立思考及创新能力，提高其科学文化水平，还要求学生具备良好的身体素质和思想品德；要求学生关注社会现实，紧扣社会热点；要求学生积累审美经验，拥有审美品质；要求学生积极参加社会实践，成为具有使命感和社会责任感的公民。

通识教育要求学生具有开放包容的思想观念、差异性的知识和能力结构、创造性的思维和强大的动手能力、良好的人文素养和成熟的心理素质等，这与我国对创新型人才的需求不谋而合。

通识教育对培养创新型人才的作用体现在以下几个方面：

第一，通识教育有助于构建大学生进行创新活动所需的合理知识结构。通识教育的内容涵盖自然科学、人文科学、社会科学三大领域，文理渗透，相互交叉，以基础性、理论性、综合性、系统性为特点，为创新型人才的培养提供坚实的理论基础。通识教育有助于学生融合不同专业的理论知识，形成基本的知识储备，并在整合的基础上重新建构有别于他人的知识体系，激发创造性思维。

第二，通识教育有助于培养大学生的创新品质。创新是一个艰苦的、将"脚踏实地"与"仰望星空"相结合的发展过程，既需要丰富的理论知识，又需要坚定不移的信念、顽强的意志力、锲而不舍的精神和强烈的创新激情与动力。通识教育注重对学生创新意识、创新精神和创新思维的培养和激发，为学生进行创新活动提供强大的精神动力和智力支持。

第三，通识教育能够为大学生提供科学的创新思维方法。通识教育强调高素质人才要具有归纳、推理能力，独立思考、批判思维的能力，价值判断能力，以及准确的语言运用与沟通表达能力等，而这些正是创新思维能力的具体表现。创造性的过程通常包括发现问题、提出假设、进行验证、解决问题四个阶段，它是创新思维产生的过程，也是各种能力综合运用的过程。例如，独立思考有助于发现与提出问题，分析判断、归纳推理有助于明辨方向、理顺思路，良好的沟通表达能力也和敏捷的反应、创造性思维有着直接关系。通识教育教给学生多样、实用且科学的创新思维方法，帮助其将创造性想法变为现实。

第四，通识教育能够为创新型人才营造宽松自由的创新环境。通识教育的教育理念和教学方式为学生的个性发展提供了良好的空间。它鼓励学生发挥创造性思维，注重挖掘学生的创造潜力；尊重学生的创新思想和成果，注重营造一种宽松、自由、追求真理的学习环境和氛围。通识教育不拘泥于单一的教学方式，形式灵活多样，是实现创新价值的必备条件，可以激发学生多方面的兴趣，使他们发现自身长处，进而树立他们的创新意识，激发他们的创新潜能，为他们提供展示创新才能的舞台。

4.1.2　通识教育课程模块构建与实施

通识教育课程的设计遵循通识教育的理念，并且更加注重创新能力的培养。通识教育课程的设计需要理论依据和理念引导，因此，首先要清楚地界定通识教育的内涵，并以此为据设计出通识教育课程。当然，考虑到我国高等教育侧重专业教育，课程量很大，而大部分学生知识面有限、眼界狭窄、思考缺乏深度、实践体验较少，通识教育课程的设计更应注重创新能力的培养。

4.1.2.1 通识教育课程设置的基本遵循和目标导向

通识教育课程的设置必须遵循"宽口径、重基础"的教育理念，确立培养创新型人才的目标。通识教育是一种理念、一种精神、一种思想，思想是先导，只有以正确的思想为先导，通识教育的实施才能与培养创新型人才的目标紧密契合，通识教育才能更好地服务于高校创新型人才的输出。因此，学校在每年新生入学之际，要通过各种途径加大宣传与推广，提高通识教育在整个大学教育中的地位，使全校师生对通识教育有较全面的认识与了解，明确其作为"大学精神"的实现方式，继而认清其不可替代的重要性。教师要有意识地、有创新性地上好通识教育课，激发学生的学习兴趣和创新潜能、好奇心与求知欲，改变"标准化"的人才培养模式，充分尊重个性发展，以人为本；学生要足够重视通识教育课程，主动学好这些课程，承认它们的意义与价值。师生通力配合、教学相长，达成共识、共享共进，就能使通识教育的理念深入人心，得到广泛的支持。

通识教育课程的传授要改变传统的以继承知识为中心，强调学生对知识的记忆、模仿和重复练习的教育方式，要重视对学生能力和素质的培养，鼓励学生独立思考，培养他们的批判精神，激发他们的发散性思维，鼓励和推崇学生积极实践，让学生运用一切已有知识，创造性地解决问题，充分学以致用；要对运用新思维、新方法创造性地解决问题的学生加大鼓励和表彰力度，让人人都因能创造性地解决问题而受到认可和尊重；应将知识挑战赛、论文比赛、学术文化节等活动作为通识教育的外在表现形式，为创新型人才提供平台和技术支持。除此之外，通识教育还要注重培养学生的高尚、文明、知性等内在素质，帮助学生形成奋发向上、乐观积极的健康人格。

通识教育课程体系的构建必须以学生创新素质培养为目标导向，因而在课程体系构建中必须重视两种课程的贯彻与体现，可以说这是通识教育课程体系的核心和根本。

第一，重视创新研究课程。创新研究课程是旨在培养学习者的创新思维、创新精神和创新能力，以综合实践的方式使学生有机会进行相对独立的研究性、设计性、参与性、实践性、反思性学习的课程。由于这种课程在培养人才的开放性思维和创新精神方面具有独特价值，因此，创新课程在课程体系中处于重要的位置。

创新课程的设计应注重交叉学科的设置。创新来源于厚实的基础知识。基础知识是本，有了厚实的基础，才能进行创新。在创新课程的设计中，要坚持"强基础、宽口径"的大学生培养模式，加强不同专业、学科之间的交叉和融合，引导大学生开阔视野，寻找不同专业、学科知识间的联系，引导大学生注重知识迁移和转换，关注学科发展动态和学科发展前沿理论，形成知识体系的个性化整体观念。

创新课程的设计，要着眼于大学生的发展，强调科学教育方法，培养大学生的学习能力和创造能力。创新课程的设计要遵循大学生培养的规律，培养大学生对生活现象的观察力，注重挖掘大学生本身具有的强烈的直觉和想象力；在设计课程时注重研究方法和研究技能的训练，训练大学生的灵活性思维、发散性思维、迁移性思维、批判性思维和逆向思维；培养大学生的创新品质和坚韧的创新意志，激发他们的创新潜能和创新欲望，提供创新实践的平台和机会，为大学生创新能力的提高打下基础。

第二，重视社会实践课程。全面和深入开展大学生社会实践活动是高等教育的重要组成部分，也是推进大学生素质教育、培养高素质创新型人才的重要途径和必要环节。高校的社会实践课程有利于帮助大学生在丰富多彩的社会课堂中认识社会、了解国情、接受教育、增长才干、磨炼意志、锻炼品格，培养大学生的团队精神，在"干中学"，提高大学生的文化素质和自身修养，增强他们的历史使命感和社会责任感。

社会实践课程要合理设置，注重教学计划内课程和教学计划外课程的有机结合。教学计划内的实践课程具有较强的规范性和系统性，有利于大学生更好地掌握学科知识，锻炼技能。根据社会需求和学校的培养目标以及对大学生的有益影响，可以将教学实践、军训及国防知识教育、假期社会实践等作为必修课。教学实践课程在帮助大学生掌握专业理论知识的同时引导大学生掌握正确的应用方法，提高大学生的动手操作能力，在实践中不断检验总结、反思和创新。军训及国防知识教育，一方面增加了大学生的军事知识，加强了技能训练，另一方面锻炼了大学生的品格，加强了他们的社会责任感和爱国使命感。假期社会实践更是有助于大学生关注社会问题，了解社会生活，参与社会调研，增强社会体验，锻炼品格意志，将"所学"与"所用"充分结合，培养团队合作精神。同时，可以将丰富多彩的校园文化活动、各种科技学术活动、志愿者活动和公益活动等作为社会实践课程的选修课程，并设一定的学分要求，引导大学生积极参与，进一步培养大学生的创新精神和实践能力。而教学计划外的社会实践课程具有时间上和形式上的灵活性、实践主题的广泛性、实践内容的趣味性等优点。例如：组织大学生到革命传统教育基地参观，让他们接受思想教育；组织班级郊游，让大学生领略当地自然风光，欣赏人文景观，观察社会生活；组织班级进行素质拓展，在各环节集思广益、增进情谊，培养团队合作精神；鼓励大学生走进社区，服务社会，参与基层问题的解决和处理。总之，可以鼓励大学生根据自己的兴趣与特长，充分利用社会资源，创造性地设计选题和开展实践活动。这就要求学校建有完备的实践平台，为大学生提供丰富多样的实践课程，鼓励大学生自主选择，为大学生在创新精神和实践能力的培养方面创造一个良好的环境，让大学生更好地感知并适应社会对人才的需求。

社会实践课程要科学引导，重点突出，增加针对性。实践课程发挥着培养大学生的实践能力和创新精神的重要作用，在科学设计出实践课程后，还需要科学引导，增加针对性和实效性。一方面，学校应加大对学术科技实践类项目的支持力度，扩大宣传范围，增加经费支持，完善奖励制度，采取以高年级带低年级、跨专业合作等措施吸引更多的大学生参与其中。另一方面，针对不同年级的特点，引导大学生有规律、有计划地参加实践活动：鼓励一二年级的大学生完成军训和军事理论知识学习，积极参加校园文化活动，完成假期社会实践，提升自己各方面素质，重在"参与"、"体验"与"提高"；三四年级的大学生要以专业知识的应用和社会服务为主，将所学的知识与实践结合起来，创造性地开展实践活动，重在"融合"、"实操"与"应用"。

要建立与社会实践课程相应的评估体系和奖励制度。社会实践课程的有效实施需要合理、完备的评估体系和奖励制度作为支撑和保障。对社会实践课程完成质量的好坏必须有一个科学的评估和反馈，否则，社会实践课程很容易流于形式，难以达到培养大学生各方面能力的目的。目前，高校考虑到成本和对实践过程评估的困难，往往只注重对实践成果的评价，这样很容易让大学生"钻空子"，忽视实践过程甚至不实践，编造实践结果，本末倒置，严重影响课程开展的应有效果。因此，高校应完善评价体系，注重对社会实践过程和实践成果的双重评价，扩大评价主体范围，增加评价方式。应通过增加相互评价的方式，使大学生能真正参与对实践情况的考核；同时，通过向第三方索要回馈的方式，客观评价大学生在实践中的贡献与不足。对积极参加社会实践并取得优秀成果的个人、团体和单位给予物质和精神奖励，并以此作为综合素质评定、评奖及评优的参考依据。要依据年级合理分配该项参评比重，在制度上激励大学生积极参与社会实践活动。

4.1.2.2 通识教育课程体系的构建与实施

为避免通识教育课程设置的随意性和盲目性，必须合理设置通识教育课程，构建科学的通识教育课程体系。应合理设置通识教育课程、学科基础课程和专业课程的比例，增加通识教育课程所占的比重。在课程设置上，要充分体现人文主义和科学主义在思想精髓上的融合，使培养出来的人才兼具人文精神和科学精神，符合现代化建设的需要，实现社会理想预期。

首先，明确学校的通识教育核心课程设置。核心课程的选择和定位直接决定通识教育课程的质量和定位，因此，高校必须重视通识教育核心课程的设置，明确核心课程的设置领域。高校应制作通识教育核心课程手册，制订培养方案，详细介绍通识教育的核心课程，对每一门课程及其设置的意义和作用做详细的说明。明确核心课程的分类模块，除人文科学、社会科学、自然科学三大基本领域外，还可根据学校自身的教学研究特色设置相关领域的课程，而且要增加提高创新能力的课程，使课程兼具实用性和趣味性。对核心课程的学分设置和选课进行系统化的设计，使学生能够根据个人兴趣和需要选择相关课程。

其次，在进行通识教育课程的必修课和选修课的结构安排时，应增加可以自由选择的课程的比重和范围，严格把握选修课的质量。虽然很多高校在必修课基础上设置自由选修课，但由于必修课和专业课程太多，实际上限制了学生自由选择的空间。而且，很多学校对选修课缺乏严格的管理与系统的规划，内容随意性较大，严重降低了选修课的教学质量，学生们选择选修课往往不是为了提升自己的人文素养和创新意识，而是为了好"赚"学分。所以，学校除了规定必须修习的通识教育课程以外，还要增加通识教育选修课程的选择空间，同时加强选修课内容的整合与体系的完善，提高对于学生的教化作用，让学生能真正各取所需，真正从通识教育课程中获益。

再次，通识教育要重视隐性课程的建设。隐性课程的设置包括四个方面的内容：一是通过开展课外活动、引导课内课外阅读、举办各种高雅的艺术活动、进行学术科技比赛、开展文体活动、加强校园文化建设等多样化的教学模式和个性化的教学方法以及丰富多彩的活动形式，为创新型人才的培养提供一个积极、开放、宽松的环境，满足学生各方面的需要和兴趣，使他们能够各显其能、自由发展，提高团队意识和动手能力。二是举办内容丰富的人文与科学讲座。资深的教授或著名的学者会给学生传达不同于传统课堂的观念与观点，具有极大的感染力与人格魅力，能大大丰富学生的人文与科学知识，开阔学生的眼界，陶冶学生的情操和启迪学生的思想，在潜移默化中培养学生对人文科学、社会科学及自然科学的追求精神和职业向往。三是优化校园环境，营造浓厚的学术氛围和开放、自由的学术精神。学校要加强校风建设，紧抓教风和学风，注重培育大学精神，让学生接受高尚文化的熏陶，从而正视自己作为大学生的时代使命与社会责任。四是实行开放办学，兼收并蓄，加强与国内外其他高校的交流与合作，允许各种学术思想充分融合，使学生在开放、自由、平等、民主的学术氛围中互相借鉴、取长补短、大胆交流、共同提高。

最后，结合大学的具体情况和培养定位，紧密关注社会需求，形成鲜明的教学特色。当前，高校在教育理念、课程设置、教育资源、教学环境、师资力量等多个层面千差万别，因此，教学育人一定要根据学校的具体情况，不可一概而论。高校必须在清楚自身定位的基础上发挥专长、形成特色，打造重点学科、品牌专业和精品课程，同时要统筹兼顾、全面发展，兼顾一般性与特殊性。高校必须全面了解与深刻把握社会变迁与发展趋势，将国家与地方的重点战略融入通识教育课程中，让各类课程不同程度地反映时代元素。不同专业的教师形成"项链"式的团队启发与授课模式，引导学生在加强自身知识储备和技能培养的同时，紧跟时代发展和社会需求，进行独立的、具有开创性的思考、学习与实践活动。在经济全球化的时代背景下，通识教育课程还应注重扩大学生的国际视野和提高学生的爱国责任感。

4.2　创新之导引：大学生职业生涯规划

一个人创新素质与能力的培养、创新潜质的挖掘，与其科学、客观、准确的自我认知息息相关。性格与职业的匹配、兴趣与职业的匹配、特长与职业的匹配、专业与职业的匹配等是创新素质养成、创新潜能发挥的关键。通过制定大学生职业生涯规划，帮助大学生更好地进行自我认知与自我管理，在认知的基础上明确目标，形成清晰的方向，引导他们以自己的最佳才能、最优性格、最大兴趣，在最有利的环境中去从事自己的事业，实现既定目标，是创新素质培养的重要途径。

大学生职业生涯规划意识的培养内容包括职业生涯认知引导、目标引导、职业引导和阶段引导。其中，认知引导又包括职业规划与人生发展、大学学习与职业发展、职业社会认知、自我探索与认知，如图 4-2 所示。

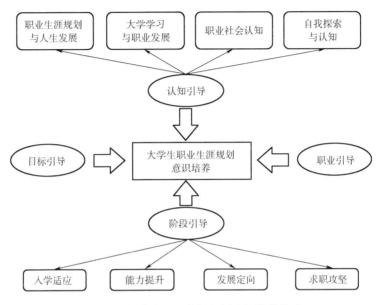

图 4-2　大学生职业生涯规划意识培养构成

4.2.1　职业生涯规划之认知引导

4.2.1.1　职业生涯认知引导人生发展目标

凡事预则立，不预则废。大学生职业生涯规划是大学生通过对自身条件和客观环境进行分析和测定，确定自己的职业生涯发展目标，选择实现这一目标职业的方式和方法，制订相应的工作培训和教育计划，分阶段采取必要的行动实施的过程。做好职业生涯规划的准备对大学生人生发展和更好地融入社会有积极的指导意义。

首先，高校建立大学生职业生涯规划意识培养机制有助于大学生了解自我，认识社会，进行自我定位，选择奋斗的策略与方向。一方面，职业生涯规划能够引导大学生主动对自身价值进行分析和定位，发现自身的个性特质，准确评价自身的特点与强项，重新认识自身的价值，挖掘潜在的优势资源，克服自身的不足；另一方面，职业生涯规划可以引导大学生对职业生涯的客观因素进行测定、分析和总结，了解自身所处的社会环境，了解社会职业的发展现况、未来趋势及所需的技能要求，引导他们评估自身所具备的条件与职业生涯目标之间存在的差距，发现新的可能的职业机遇，重新确立切实可行的奋斗目标，确立与自己主客观条件最匹配的职业定位。

其次，职业生涯规划有助于大学生科学系统地规划职业目标及具体措施，提升职业竞争力。制定职业生涯规划，可以帮助大学生在认清自我和社会的基础上，逐步树立职业理想，并通过科学的设计，采取切实可行的措施，有针对性、有步骤地参加各种相关的培训和实践，扬长避短，挖掘潜在能力，逐步提高自身素质，不断提高职业竞争力，获得长期职业发展优势，从而更好、更快地实现自己的职业目标与理想。

最后，职业生涯规划可以为大学生提供良好的职业环境，促进人力资源的合理有效配置。职业生涯规划是大学生在对自身、社会尤其是职业领域充分了解的基础上对自己的未来进行的自觉设计。职业生涯规划可以帮助大学生减少职业选择和发展上的盲目性，寻求更好的职业环境，并帮助大学生克服恐惧和未知心理。职业生涯规划教育可以有效地帮助大学生根据社会需求和自身特点调整个人发展方向，达到自身与社会的和谐发展，使其科学合理地选择行业和职业，更快适应工作，提高工作满意度，促进事业成功。

4.2.1.2 职业生涯认知引导专业学习完成

大学生进行专业学习是为未来的职业做准备，很大程度上大学专业与未来就业关系紧密。新时代需要知识面广、业务能力强、综合素质高的人才。学校应引导大学生本着对自己前途负责的态度，勤奋学习、刻苦钻研，不断增长专业知识与技能才干，为未来的事业积聚能量、积累经验。因此，职业生涯规划应与个人专业学习相结合。

本着整体性、相关性、动态性与迁移渗透性原则，大学生需要构建合理的知识结构。构建合理的知识结构，需要广博与精深相结合、理论与实践相结合、普遍与特殊相结合、静态与动态相结合、个人爱好与社会需要相结合。大学生不但要熟练掌握自己所学专业的知识和技术，而且要在教师的指导下，广泛涉足其他学科以及某些边缘或交叉学科，拓展知识，努力把自己培养成高素质复合型人才，适应知识时代的需要；同时，应重视加强语言、计算机、人际沟通等基本技能的训练。

大学学习要为以后的职业发展做准备。大学生在大学学习期间，一定要合理安排学习时间，充分利用学校教育资源；根据本专业的全程培养计划，深入了解本专业的培养目标，了解本专业的特色和培养要求，了解本专业的现状及未来发展趋势、就业方向及就业状况；按照专业培养方案有计划地学习，做好知识和理论储备，根据未来职业对本专业知识和能力的需求，学习专业知识，培养科学地认识问题、分析问题和解决问题的能力，全面提高自身的综合素质。

4.2.1.3 职业社会认知引导职业方向选择

英国哲学家罗素说过，选择职业就是选择将来的自己。这充分说明了职业选择对人生的重要意义，但每个人对职业的选择离不开所处社会环境的影响。进行职业生涯规划要求充分认识自己将要融入的职业环境，了解人才市场的供需现状、就业形势及未来发展趋势和变化情况，明确可变与稳定因素，了解职业社会的技能需求和进入职业社会的各种途径，分析职业环境的优势因素和不利条件，评估社会环境对自己职业生涯发展的影响。

大学生在对职业社会有了一定的认知和了解后，要注重自己与职业社会的技能匹配，尽可能获取更多的优势资源，缩短个人条件与职业要求之间的差距，逐步实现人生目标和理想。

4.2.1.4 自我探索与认知引导科学的自我定位

希腊伟大的哲学家苏格拉底的著名论断——"认识你自己"阐释了自我认知的重要性。在进行职业生涯规划前，大学生必须对自身条件进行客观剖析，这是一个"知己"的过程，也是生涯规划的基础和前提。要全面了解自己，就要正确、客观地审视自己、认识自己，做好自我评估。要确立自己的兴趣爱好，明确自己的性格特征，认清自己的特长和不足，系统分析自身的学习、实践、人际沟通和创新等能力水平，合理评估自己的智商与情商，正确认识自我意识、自我管理、自我激励、同理心与社会交往能力。在对自身有一个全面认知的基础上，审慎选择适合自己从事的职业领域，从而确立具有自身特色的、适合长期可持续发展的合理职业定位。

4.2.2 职业生涯规划之目标引导

确立职业生涯目标是制定职业生涯规划的关键。职业生涯目标可分为短期目标、长期目标和人生目标。短期目标要具体可行，将目标细分为各个具体可行的任务，并分配合理的时间，同时各个目标要前后相连、逐级递进。长远目标是一个愿景，由一个个短期目标累积而成，反映了量变引起质变的过程。长远目标的实现必须经过个人长期的艰苦努力和持久的奋斗。在确立长远目标时，需明确自己的职业生涯定位和自身定位，立足现实、全面考虑，使之既有长远的指引作用，又具备可操作性。人生目标体现一个人的人生追求，因此，短期和长期职业生涯目标都要服务于人生目标。

目标引导有助于大学生科学制定职业生涯规划。在大学阶段，新生最容易困惑和迷茫，对于他们来说，通过高考进入大学的目标已经实现，大学的学习生活环境是陌生而新鲜的，缺少新的奋斗目标和有力的约束条件。在这种情况下，新生必须寻找与新环境相匹配的人生目标，在此前提下，合理地制定职业生涯规划，选择规划发展路径。这对每个大学生在校期间的学习、生活重心的调整及长远发展都有重大影响。

4.2.3 职业生涯规划之职业引导

高校应注重职业引导，启发大学生的职业发展意识。高校要强化对大学生的职业指导，开设大学生职业生涯规划课程，引导大学生有意识地提高职业道德素养以及心理素养、语言表达和人际沟通素养、团队合作素养等多方面的职业素养，培养大学生适应社会、独立思考、开拓创新、勇于实践、组织管理、沟通协调等职业发展需要的能力。在开设职业引导课程进行理论引导的同时，可以邀请企业管理者围绕人才标准、人才价值、人才引进等大学生关注的问题作报告，还可以请校友毕业生为在校生现身说法，让大学生进一步明确未来发展方向，了解自己需要积累的职业素养。在此基础上，引导大学生以发展的眼光看世界、看社会、看自己，启发他们的职业发展意识，帮助他们确立自身的成才目标，为将来的职业发展做好准备。

4.2.4 职业生涯规划之阶段引导

就业工作理念应该在"质量为先"的倡导下进行创新和扩展，从针对毕业生的就业指导，扩展为涉及大学生全程的生涯教育。生涯教育以四个目标，即唤醒生涯意识、提升生涯责任感、促进生涯探索、增强生涯信心为核心理念，针对学生大学期间四个发展阶段的特点，采取丰富的形式，探索建构全程生涯教育体系。

第一阶段：入学适应阶段。入学适应阶段的教育主题是提升规划意识，促进学业人际管理。本阶段的主要目标是帮助大学新生顺利完成从中学到大学的转换，更好地安排自己的学业，因而有必要开展覆盖全员的新生生涯教育，如认识大学、学涯规划、时间管理、校园资源利用等。高校亦可通过开设网络职业生涯规划自助服务，发行校内职业生涯读物，举办职业规划经验交流活动等方式，帮助新生尽早了解未来职场所需要的素质及能力，树立为将来做准备的积极心态，唤醒在校生的生涯规划意识。

第二阶段：能力提升阶段。能力提升阶段的教育主题是提升责任意识，促进综合能力提升。在课程设置方面，主要针对学生在生涯发展过程中所面临的实际问题，以解决学生发展问题为中心构造课程体系，结合不同年级特点，采取第一课堂形式向学生开设发展辅导教育课程，促进学生对于求职与择业的认知。在活动开展方面，高校可邀请企业人力资源经理、职业培训师、院（系）主管学生工作的副书记（书记）、专业教师、校友等具有丰富的教学及实践经验的专家，通过讲座、分享会等形式向学生介绍生涯规划、行业认知、创业指导、求职技巧、就业心态管理、职业素养、出国留学等方面的内容。除了"聆听"与"感受"外，学生还需要"动手""实战"，通过参与职业生涯规划大赛等活动进一步提高规划意识和能力，掌握职业生涯规划的方法和技巧，凭借科学的职业测评工具加深对自我的了解。高校有必要在本阶段引入宣传实习基地，为学生实习和选择职业倾向提供充足的资源。

第三阶段：发展定向阶段。发展定向阶段的教育主题是提升探索意识，促进职场探索行动。本阶段主要帮助大三学生增强为求职做准备的意识，了解职场所需要的综合素质。可聘请简历指导专家，邀请重点用人单位校友，通过举办模拟面试大赛、经验分享会等方式，为学生提供针对性的指导和建议。此类活动能够激发学生主动了解企业用人需求的动机，促使他们积极思考未来以及自身的发展，并关注自身素养的提升。除了举办全校性活动外，高校也应当注重各院（系）、各班级的职业生涯规划"小班辅导"，以院、班为单位提前收集学生的问题，并针对这些问题设计座谈会内容，可参考设定生涯意识唤醒与自我探索、时间管理与就业能力提升、职业定位与求职准备、简历面试能力提升等主题，提高就业指导服务的针对性和深入性。开展小范围的系列主题班会活动不仅可以拉动不主动参与就业指导讲座的学生参与进来，弥补大型讲座的不足；还可以融入求职技能训练等互动内容，大大提升指导效果。

第四阶段：求职攻坚阶段。求职攻坚阶段的教育主题是提升求职信心，促进求职能力提升。本阶段仍然要求高校不仅提供面向全体毕业生的就业服务，还要提供针对个体的职业咨询服务。首先，高校就业办公室必须能为毕业生提供充足、翔实的就业信息，全方位宣传毕业、就业的各项服务内容，推广积极向上的求职理念，使学生把"找工作"当成自己的第一份工作来认真对待。通过就业服务月、简历面试工作坊、互动式指导等活动，学生可以深入了解面试的模式和考察要点，了解面试官的真实意图，学会如何以岗位为中心展示自己，加深对自我的认识。其次，高校就业办公室有必要成立职业咨询室，帮助求职确实存在困难的学生树立求职信心，理清规划思路，提升个人能力，为他们提供个体咨询，扫清其求职过程中所遇到的心理障碍和帮其解决技术问题。

4.3　创新之平台：大学生就业能力培养

创新素质培养是一个长期的过程，绝大多数学生的创新素质和能力将在从业后本职工作岗位中具体表现出来，其创新潜能的发挥要与其所从事的职业紧密结合，也与其所处的良好的职业环境和人际氛围息息相关。因此，大学生的就业能力，既是其综合素质和能力的重要组成部分，也是其获取创新活动平台、将创新潜质应用于实践并产生创造性成果的必备条件。

4.3.1　职业价值观塑造

随着大学生就业制度改革的不断深化和大学生就业市场竞争的日趋激烈，大学生就业难已成为社会普遍关注的热点问题。导致大学生就业难的因素是多维度的，其中，职业价值观起着十分微妙的作用，许多大学生就业难就是因为其职业价值观出现了问题。职业价值观是指人生目标和人生态度在职业选择方面的具体表现，也就是一个人对职业的认识和态度以及他对职业目标的追求和向往。理想、信念、世界观对于职业的影响，集中体现在职业价值观上。因此，很有必要以关注大学生职业价值观为逻辑起点，以帮助大学生树立正确的职业价值观为手段，真正解决好大学生就业问题。目前，大学生的职业价值观体现出了明显的时代特征：职业选择自主性提高，价值取向多元化；重视自我价值高于社会价值的实现；风险意识增强，理想和功利价值并存。这些特点与当前大学生求职途径广泛化、求职行业多层次化、求职薪资偏理想化、求职标准方面注重个人发展等现状密不可分。高校应当加强在社会主义核心价值观指导下对于大学生职业价值观的塑造，增强大学生的价值自信；以职业生涯教育为载体，使职业价值观教育体现社会主义核心价值观的内涵，并使职业生涯规划适应社会发展需要；重视课堂教学与课后实践相结合，及时纠正大学生出现的错误认知与不良态度；整合校内外资源，与社会力量一起推动职业价值观体系的完善，形成符合社会主义核心价值观的职业评价环境，加强就业互动。

4.3.2　职业素养培养

职业素养是指职业内在的规范和要求，是个体在从业过程中表现出来的专业知识、专业技能等与职业直接相关的基础能力和综合素质。每个劳动者，无论从事何种职业，都必须具备一定的思想道德素质、科学文化素质、生理素质和心理素质等，才能适应知识经济时代社会竞争激烈、人际交往频繁、工作压力大等社会现状。职业生涯的成功与良好的职业素养有着密切的联系。对大学生而言，长期的校园生活使他们对社会工作知之甚少，缺乏相关的实践与工作经验，步入社会后很难以最快的速度转换学生角色，也很难以良好的姿态面对并适应自己的工作。因此，当前的高等教育必须注重大学生职业素养的培养，应使职业素养培养成为高等教育的重要职责和功能，使大学生在就业形势日益严峻的情况下具有较强的竞争优势。因此，加强对大学生职业素养的培养具有重大的现实需求和意义。关键的职业素养包括职业道德素养、人际沟通能力、合作与竞争意识，以及组织领导能力。

4.3.2.1　职业道德素养

职业道德素养，就是从业人员在道德意识和道德行为方面的自我锻炼，在自我改造中所形成的职业道德品质及达到的职业道德境界。当今社会的发展，不仅需要科学技术、专业技能的保障，更需要精神文化建设的支撑。一个没有强大精神文化支撑的民族是不可能稳定发展的。一方面，社会成员良好的文化素养成为社会和谐、稳定发展的基石；另一方面，它在一定条件下可以转化为巨大的生产力，进而带动整个社会的发展。同样，大学生完成学业后步入社会，除了需要具备全心全意为人民服务、团结友爱、勤俭自强、勇于创新等基本的思想道德素养外，还应具备基本的职业道德素养，做到爱岗敬业、诚实守信、办事公道、服务群众、奉献社会等，遵守行业基本道德规范、规则及客观要求，做一个有责任感、认真负责的优秀工作者。

培养学生的职业道德素养应从两个方面着手进行：①培养职业责任感。对于本职工作要端正态度、认真负责，要遵守行业规范、规则及客观要求，积极主动地完成工作任务。在此基础上应充分发挥创造力，积极寻求新思路、新方法，为工作过程注入新活力，在工作中实现新突破。②讲究职业信誉。良好的职业信誉是个人最好的名片，是在长期的自我约束、自我激励中形成的。具备良好的职业信誉是培养职业道德素养、提升就业能力的重要条件。在求职就业过程中，要以诚实守信的态度尊重他人，通过长期的努力树立起良好的职业信誉，要勇于奉献，以大局为重。总之，培养职业责任感与职业信誉等基本的道德素养是提升就业能力的必要条件。

培养学生的职业道德素养可以通过以下途径：①坚持学习马克思主义的伦理观。在马克思主义的历史唯物主义中，论述了许多关于社会主义道德及职业道德的科学观点，它们有利于将来的从业者树立科学的世界观、人生观和价值观。②发挥榜样的激励作用，向先锋模范人物学习，在学习过程中要注重与学生即将从事的职业活动的关联，注重实效。③提倡"慎独"、"积善成德"与"防微杜渐"，倡导学生从点滴小事做起，做好本职工作，养成良好的职业道德素养。

4.3.2.2 人际沟通能力

随着社会分工的逐渐细化，劳动者的专业化水平不断提高。但同时，任何一个单独的个体都难以独立完成复杂的工作。因此，无论在学习还是工作过程中，都不可避免地要与他人在各个方面发生各种各样的联系，要正确处理好这种联系，更好地完成任务，实现整体目标的最大化，必须具备良好的人际沟通能力。人际交往沟通能力的强弱，是衡量一个人能否适应现代社会的标准之一；培养良好的人际沟通能力、正确处理好各种关系、充分利用各类资源，是提升当代大学生就业能力的重要途径。大学生和学校主要可以从以下几个方面做起：①大学生应努力获取丰富的科学文化知识，通过对知识的整合与运用，奠定良好的人际沟通基础；②大学生在平日的学习生活中，应该积极主动地与同学、老师进行交流，本着平等、相容、互利与信用原则有意创造与他人真诚交流的情境，在此过程中培养良好的人际沟通能力；③学校应经常性地组织各类校内外团体性的社会实践活动，发挥学校内部社团、学生会等学生组织的带动作用，采取校际联谊、文体竞赛等活动方式，使更多的大学生参与其中，培养学生与同学、老师乃至社会人士的人际沟通能力和交往能力。总之，大学生良好人际沟通能力的培养，需要校方、学生个人等各方面人员调整现有资源，共同努力。

4.3.2.3 合作与竞争意识

当今社会的发展日新月异，社会分工越来越细化，单靠个人的力量难以完成社会发展目标，在世界各国联系日益密切的今天，中国的发展及现代化建设进程正在与世界接轨。美国社会学家英克尔斯曾经说过，在发展过程中，一个基本要素是个人，除非国民是现代的，否则一个国家就不可能是现代的。他指出，现代人所具备的特点之一是有可依赖性和信任感，亦即"可合作性"，他们积极地对待生活的环境并与周围的人和谐相处。现代化的高等教育模式必须培养具备高素质的现代人，合作意识已经成为这种高素质人才所应具备的重要品质。人力资源开发中的互补增值原理表明每个个体都有其自身的优势，团队中的个人应扬长避短、取长补短，通过知识互补、气质互补、能力互补、性别互补、年龄互补、技能互补，实现系统功能的最优。同时，竞争强化原理表明各种有组织的、非对抗性的良好竞争，亦有利于激发人们的进取心和创新精神，调动人们实现目标的积极性和拼搏意识，帮助人们充分施展个人才干。高校可以通过组织各类比赛、完成团队任务等活动，培养学生的竞争与合作意识，激励学生不断发展、完善自我，实现个人和集体价值最大化。

4.3.2.4 组织领导能力

组织领导能力体现为对各种人力、物力及无形资产的管理、协调、激励与控制，重要的是在此过程中能够培养核心领导力，这对于提升求职者的就业能力具有十分重要的意义。可以说，良好的组织领导能力关系到大学生职业生涯的成败。培养大学生的组织领导能力可以从以下几个方面做起：①大学生自身应具备基本的组织领导意识与勇气，能够积极地发现机遇、创造挑战，充分利用身边的各类资源，如班级活动的组织等，在一次次的锻炼中不断进步，提升自身的组织领导能力；②学校应积极为大学生搭建有利于增强其组织领导能力的平台，如建立学生组织、社团与领导力小组等，强化大学生的自我管理与服务意识，并开设有关企业管理方面的专业课程和举办学科竞赛，定期邀请知名人士进校举办讲座和培训。

总之，大学生职业素养的培养是目前高等教育的重要任务之一，而这一任务的完成，需要大学生、高校及社会等各方面的协同配合。

4.3.3 专业技术能力培养

何谓人才？人才是指具有一定的专业知识或专业技能，进行创造性劳动并对社会做出贡献的人，是人力资源中能力和素质较高的劳动者。专业技术能力是大学生综合素质和能力的重要组成部分，更是大学生走向社会后就业和从业的基础能力。大学生是否具备良好的专业技能是其能否顺利就业的前提。因此，对在校大学生进行全方位的专业技术能力培养，是提高大学生就业能力的重要途径。

首先，随着专业分工的细化，企业对劳动人员的专业技术能力的要求越来越高。大学生专业技术能力的培养应紧跟社会的变化趋势，同时，社会也应加大对专业人才需求的透明度，明确对大学生专业技能要求的指向性。

其次，学校在不忽视大学生综合能力培养的前提下，要提高对大学生专业技术能力的要求，适当增加物力、人力、财力以加大对大学生专业技术培养的力度，为大学生参与实践创造条件，将理论真正贯彻到实践中。

再次，大学生个人要提高对专业技术能力的重视程度，从自身未来就业出发，切实掌握本专业的基本技能，有意为自己"补漏"。

最后，对专业技术能力的培养可以通过理论与实践两个途径展开。根据各个专业的特点与要求，设计理论课程体系，在传授理论的基础上通过社会实践进行验证与知识的强化。在理论与实践结合的过程中，鼓励大学生积极思考，勇于发现新问题、拓展新思路，敢于提出自己的真实想法和解决途径。同时，在建立广泛的专业知识体系基础之上，感知并识别自身的兴趣所在，培养自己的特长，做到一专多能。

4.3.4 职业适应性培养

当代大学生在择业过程中仍然存在着定位不准、意志薄弱、难以适应激烈的竞争环境、本身素质与所选职业不相匹配等诸多问题，因此，加强对大学生的职业适应性的培养刻不容缓。大学校园是大学生培养和提高自身职业适应能力的重要场所，大学生活的锻炼对于将要进入社会的大学生来说具有重要意义，尤其可以帮助大学生树立科学的世界观、人生观、价值观和形成良好的就业心态。一方面，培养和提高大学生的职业适应性需要企业、社会和学生等各方的共同努力，尤其需要大学生转变发展观念；另一方面，高校等教育机构作为大学生成长的重要场所，需要采取各种措施培养和提高大学生的职业适应能力，为其职业生涯发展奠定良好的基础。高校必须转变将提高就业率作为唯一目标的工作理念，必须重视并全面实施职业指导，如加大宣传教育力度（可采用讲座、培训等形式），开设相关职业生涯规划课程，模拟公司招聘过程，开展就业指导中心全程化、全员化、全面化的活动，以及社会实践等。要通过各种途径，帮助大学生提高其职业适应性，为大学生实现人与职业匹配、人与组织匹配、人与团队匹配奠定基础，帮助大学生快速转变身份、调整心态，使其顺利进入职场。

4.3.5 职前教育模式

基于上述针对大学生职业教育的元素整合，可以系统地设计出大学生职前教育模式。无论是加强对大学生的职业生涯规划引导，还是以培养大学生创新素质和挖掘创新潜能为目标的就业能力锻炼和创业教育等，事实上都在大学生职前教育活动的范畴内。因此，开展大学生职前教育培养的重要性是显而易见的，这既是开发大学生人力资源的重要手段，也是培养大学生创新素质的重要途径，当然也是高校在解决大学生就业率和就业质量难题方面能够有所作为的重要方式。大学生在就业前接受全面专业的职前教育，可以明确自己的职业定位、找到适合自己的工作、充分挖掘职业潜力。更重要的是在社会生产中，职前教育可以减少信息不对称带来的资源浪费，提高生产率。

大学生应具备较高的理论素质，但是只有理论知识是不能够完全适应职业生涯的。在大学生从校园步入职场的过程中，职前教育可以为他们提供一个过渡。在严峻的就业形势下，大学生仅靠专业的理论知识是不足以在激烈的社会竞争中立足的。虽然当今的大学教育与以前相比更加注重大学生实践能力和创新能力的培养，但这种培养仍处于探索阶段，对大学生的培养在很大程度上还停留在理论教育阶段，刚离开大学进入职场的大学生往往会感到茫然不知所措。首先，大学生如果没有接受过专业的职前培训，那么在找工作的阶段可能不知道怎样表现自己，也不知道怎样获得用人单位的青睐。其次，大学生可能因为对自身的性格和优势没有很清醒的认识，不明确自己的就职方向，在求职过程中屡屡碰壁，这样一方面浪费了他们的时间和精力，另一方面也很容易挫伤他们的信心。再次，他们没有充分的实践经验，在实际工作中往往感到在校园里学到的理论知识没有用，或者根本不知道该怎么运用所学到的知识，这可能会对初入职场的他们产生很消极的影响，阻碍他们以后的职业发展。所以，充分的职前教育，对大学生步入职场来说是很必要也很重要的一项准备工作。只有经过职前教育培训，并具备扎实的理论知识，才能使大学生在职场中走得更顺利，发展得更好。

职前教育对于用人单位也具有间接但相对重要的影响。首先，为了花更小的成本来更有针对性地招到自己所需要的人才，现在的很多企业都会选择到各高校进行校园招聘。如果企业所到的高校已经对本校学生进行过较多和较好的职前教育，那么，参加企业招聘的学生就会更加专业，目标也会更明确，对企业来说，就只需要在这些目标明确的求职者中选择更适合本企业的人，这无疑减少了招聘过程中的信息不对称，降低了招聘成本，提高了质量和效率。其次，由于这些人才已经接受过较好的职前教育，所以企业就不必再花过多的时间和精力指导他们适应职场，只需要对他们进行一定的企业文化培训，他们就可以比较好地开展工作了。从这两点来看，对大学生进行职前教育对企业来说也是意义重大的。

综合以上两个方面可知，职前教育对人才市场中大学生和企业两方主体来说都具有重要意义，做好大学生的职前教育工作必然有助于提高人力资源市场的资源配置效率。

4.3.5.1 职前教育的目标

在目前的社会环境下，国家对大学生就业问题出台了很多优惠政策，也很支持大学生自主创业，所以，就政策环境来说是很优越的。在这样的条件下，大学生职前教育就更有必要开展了。开展大学生职前教育的目标就是使大学毕业生能够把握住机会，更好地就业和创业；也使国家的政策与大学生状况更为契合，取得更好的效果。具体来讲，职前教育的目标如下：

第一，职前教育要使大学生明确自己的职业生涯规划，对未来有一个比较清醒的认识。职前教育的第一步就是使大学生对自己有一个正确认识，通过性格分析和职业兴趣分析等步骤使他们清楚自己想从事哪个行业以及适合从事哪个行业，从中找到契合点，明确自己的职业方向以及职业生涯发展的目标、对策等。

第二，职前教育要全面提升大学生的求职能力、专业能力以及职业素养。大学生初出学校，会面临求职的困惑，职前教育的目标就是提前对他们进行求职面试方面的教育，使他们以得体的行为和较好的心理素质来面对各种求职面试。同时，职前教育对大学生进行职业素养的培养，如沟通能力、执行能力、领导能力、创新能力、项目管理能力等方面的培养，使他们步入工作岗位后能够很好地与环境相融合。

第三，职前教育要开发大学生的创新、创业能力。高校毕业生具备较高的理论素养，在创业上具有较大优势，在目前的教育体系基础上，职前教育应着重加强创新、创业教育，从而使他们更具备创业意识和创业本领①。教育部高度重视创新、创业教育工作，对大学生创业也给予了很多的优惠和支持。在这样的条件下，通过对大学生进行职前教育来开发其创新、创业能力这一目标也就显得特别重要和迫切。

在高等教育体系中开展职前教育，要充分利用知识经济中信息服务、知识应用等方面的优势，使大学生对自己的未来有一个清晰的长期规划，掌握应聘技巧，做好充分的求职准备，并且为形成创业能力打下基础。

4.3.5.2 职前教育的探索

目前，职前教育已在各国高校普遍开展。以就业指导为例，大学生就业指导能使大学生了解自己，包括了解自己的个性特征、职业倾向，帮助大学生确定专业方向和就业目标，指导大学生参加实习和社会实践活动，为大学生提供就业信息服务，为用人单位来校招聘大学生服务。就业指导最早开始于美国，贯穿于美国高等教育的全过程。就业指导在美国高校已成为一项专业化的工作，它依据心理学、职业社会教育学的原则，对学生的个性特征加以分析、判断、咨询，帮助学生实现自我价值。在日本，学校不仅为学生提供各种就业信息，举办就业讲座，而且根据社会变化情况预测职业前景，并进行市场分析；同时，通过对学生进行心理测试，发现学生的兴趣爱好和潜在的学习、工作才能，结合学生所学专业、特点，向用人单位推荐毕业生。

在我国，职前教育也在发展中，并取得了一些成效。网络已成为高校职前教育的主阵地，各高校都拥有自己的就业指导网站，网站实时公布就业信息，进行职业测试和就业指导。许多高校还引进"职前教育网上学堂"，供学生免费使用。此外，一些民办的社会机构也开设各类职业指导网站，对学生进行职业生涯规划和就业指导等。据统计，我国90%以上的高校都开设了就业指导课，形式包括：在高校设置大学生就业指导中心，开设大学生就业指导课，指导大学生设计职业生涯规划；开设职前教育网络学堂，指导大学生科学就业；进行各种职业资格培训与考证培训；等等。

4.3.5.3 职前教育的培养模式

要关注我国大学生职前教育途径问题，积极借鉴成功经验，提出解决问题的措施，使职前教育途径多样化，提升与拓展大学生职前教育的培养

---

① 崔革. 大学生职前教育教学体系探究 [J]. 鞍山师范学院学报，2008（5）.

模式。

第一，以学分制为基础，融入职业资格证书体系。学分制是以学分为单位来衡量学生的学习过程和效果的管理体制。在广泛推行学分制、改革传统的教育模式的同时，积极构建和切实推行统一标准的国家资格证书体系，通过一定的标准和程序，经学校认定并报市级教育主管部门备案后，可将其转换成相应的学历教育课程学分，实现学历教育与非学历教育的协调发展，积极探求产、学、研互动发展的可行方式，加强对学生职业生涯的咨询和辅导，保障大学生顺利完成从学生向社会工作人员的身份转换。

第二，以实战为导向，开设课外第二课堂。学校应立足于不断完善学生的知识结构，全面提高学生的综合素质，以讲座、论坛、工作坊、课外实践等方式为学生提供多彩、精选的课外"知识超市"。开设课外补充课堂，可以让学生学会使用网络信息平台，形成随时关注求职信息、了解社会需求的习惯；可以让学生利用网络参加职前教育学习，增加求职的成功率；可以让学生学会用现代化的工具来节约就业投资成本与时间成本，如减少在路途、时间上的浪费等。除此之外，开设课外补充课堂可以让大学生从心态、礼仪、穿着、说话技巧等方面做好参加面试的准备，选择适合自己的工作，积累步入职场的经验，帮助大学生更好地挖掘职业潜力，还可以以模拟招聘、职业咨询、就业心理指导等方式让大学生得到锻炼。

第三，以分阶段为原则，拓展多种培养途径。为了将就业工作提前，帮助大学生从入学开始逐步树立职业生涯规划的意识和提升就业能力，学校可以按相关技能结构及面向专业的模块形成一个院（系）教学平台，渗透到大学生不同阶段的学习过程中，保证各阶段的联系、过渡等，形成系统的知识、能力、素质结构框架。在不同阶段，学校可以增加大学生参观考察、就业实训、见习等实践环节，让大学生接触社会，深入用人单位，了解社会实际，增强感性认识，提高实践能力，使他们的职业选择顺应时代的要求，符合社会的需要；可以邀请社会知名人士、先进典型或成功校友来校作报告、办讲座，组织刚刚毕业的学生与在校生进行交流与对话等，进行典型示范，发挥朋辈的指导与教育优势；也可以发挥学生社团等校园文化载体的教育功能，举办积极健康的校园文化活动，培养大学生的组织协调能力、语言交际能力和团体合作精神。

高校应积极构建大学生职前教育培养体系，并采取有效措施实现职前教育的优化。大学生职前教育模式可以从表4-1中进行细化。

表 4-1 大学生职前教育培养模式的内容

培养内容	培养目标	培养形式	培养主体
课堂培养	进行职业生涯规划与提升就业能力	1. 选修课与必修课 2. 讲座 3. 课外学堂	1. 专业职业规划教师 2. 职业教育专家 3. 职业咨询与培训机构 4. 杰出校友与事业成功人士
职业评价	科学自评与自我认知测试，职业定位测试	1. 专业教师指导 2. 专业软件测定	1. 学生个体 2. 职业规划教师 3. 专业机构咨询师与培训师
咨询与辅导	个体辅导与个体性问题的化解	1. 一对一辅导 2. 团队集体讨论与指导 3. 在线咨询	1. 职业规划教师与心理咨询师 2. 专业机构咨询师与培训师
公布信息	实时掌握人才市场供需信息	1. 就业信息网站 2. 校园招聘会与人才市场	1. 职业指导机构 2. 人才市场 3. 招聘单位
职业实践	实习与实战演练	1. 就业实习基地 2. 行业训练拓展基地 3. 能力拓展基地	1. 职业指导机构 2. 社会专业咨询师 3. 招聘单位
全程跟踪档案	全程关注职业发展道路	1. 开发信息网络及软件系统 2. 建立个体档案	1. 职业指导机构 2. 社会专业咨询机构 3. 人才市场

4.4 创新之体验：创业教育

经济发展过程中信息不畅通、产业结构不合理等一系列问题的存在，使当今社会岗位竞争日趋激烈，就业压力不断增大，就业形势不容乐观，"毕业即失业"的现象在当今大学生中普遍存在。因此，一方面，大学生应该具备较强的就业能力；另一方面，应以此为基础，培养基本的创业素质和创业能力，能够从事自主创业活动，在解决自身就业问题的同时为社会创造更多的就业岗位。从创新素质培养的要求看，创业是创新素质与能力在实践中最好的检验和应用，成功的创业活动是对创新精神的最好鼓励，创业者在创业活动中所体验到的成就感也是激发创新潜能的"催化剂"。因此，在高等教育中进行自主创业的教育活动，对培养大学生的创新素质和满足就业需求都具有十分重要的意义。

4.4.1　创业教育的目标

创业教育旨在通过理论教育与社会实践相结合的方式，使大学生具备基本的创业素质和创业能力。

创业素质是大学生创业所必备的"软件设施"，主要包括创业思维、创业精神、创业心理、创业道德等几个方面。在高等教育中开展创业教育，有利于转变大学生的就业观念，培养大学生的创业意识和创业精神；有利于开拓大学生的创业视野，促进大学生健康创业心理及"企业家精神"的形成；有利于培养大学生的创业道德，如诚实守信等。创业能力作为大学生创业的"硬件准备"，包含创业知识、创业技能、创业途径等。高校应通过自主创业教育完善大学生的知识结构，丰富大学生的创业知识，使大学生掌握一定的创业技能；激发大学生的创业兴趣，进一步提高大学生的创业能力；充分利用学校的各类资源与优势，为大学生创业提供支持与帮助，为其打开创业之门。

4.4.2　创业教育的内容

4.4.2.1　创业教育的基础搭建：平台建设

高校需要以"培养创新能力，提升创业素养，塑造创业人才"为目标，搭建教学、科研、实训、基地四大工作平台，健全创业教育课程体系，开展多层次创新创业活动，强化创新创业工作实践。

（1）教学平台。应健全创新创业教育课程体系，开设创业学、大学生创业导论、大学生创业基础等课程，使线上、线下课程并行开放，丰富创业教育第一课堂的授课方式。充分发挥第二课堂自主参与、受众广泛、选题灵活、讲师多元的优势，以品牌讲座、创业展示、创业沙龙、创业导师面对面等多种形式，帮助大学生通过多种渠道获取有关创业的知识、技能，有效辅助第一课堂教学。

（2）科研平台。以科研平台为依托的创新教育计划倡导以大学生为主体，通过科学研究、社会调查等形式，使大学生尽早进入专业科研领域，培养大学生的研究兴趣和科学态度，训练实践能力、独立工作能力、团队合作能力。

（3）实训平台。应强化创业实践活动。高校有必要以创业沙盘实训课、创业实践项目和创业训练营为活动载体，将创业教学和创业指导的知识、工具、方法融入其中，充分调动大学生参与创业实践的积极性，使大学生在实践活动中了解创业流程，巩固创业理论知识，锻炼创业能力，培养创业观念，感悟创新创业精神。

（4）基地平台。应广泛挖掘校企合作空间。高校必须结合自身丰富的社会资源优势，以校企共建的战略性合作形式，大力加强创业实践基地建设，在创业实践、科研创新、开展主题教育活动、大学生创业等多个方面开展深层次合作。

4.4.2.2 创业教育的策略与路径：教育内化与外化

（1）教育内化，侧重意识与精神的锻造。兴趣是最好的老师，大学生只有在思想上有了足够的重视，才能更好地接受自主创业的教育。高校自主创业教育的首要目标是培养大学生的创业意识，使其具备基本的创业精神，激发其创业热情，使其掌握基本的创业能力。在创业教育过程中，通过对当前就业现状的解析、成功创业案例的介绍及特色创业活动的组织，使大学生对自主创业的条件、利弊等方面有整体的了解与把握，在此基础上，激发大学生自主创业的兴趣，使其有意与创业成功者的素质进行比照，从而树立起自主创业的意识。

（2）教育外化，侧重素质与能力的培养。在培养大学生自主创业意识的基础上，进一步培养他们自主创业的素质和能力，即与创业活动相关的基本知识及领导能力、组织能力等。首先，可以采用"创业教学+创业模拟+创业实践"的方式，即理论与实践相结合，使大学生在"创业教学"环节对自主创业的相关理论有所了解与把握，掌握创业的基本原理与所需要的知识；其次，可以举办创业模拟挑战赛等一系列活动，让大学生借此环节对所掌握的理论知识的正确与否进行检验，同时积累经验，根据得失与感悟，不断提升自身的创新素质与创业能力，形成一套属于自己的自主创业的基本思路；最后，可以通过"创业实践"环节，让大学生将自主创业思路应用于实践，实现自主创业。在整个过程中，创新意识是根本支撑，需要大学生不断地反思与总结。

4.4.3　创业教育的检测：教学评价

自主创业教育的教学活动结束后，需要依据科学完整的教学评价体系，对教学效果进行综合评价与总结。教学评价的目的并不仅仅是管理，更重要的是对以往教学过程的反思与总结，对下一步的教学起到积极的促进作用，它对教与学具有诊断、反馈、激励、调节、导向的功能。对教师的评价主要可以从教学态度、教学水平、教学效果、教学研究等几个方面展开。对大学生的评价则可以通过"课业+案例分析+实践活动"的形式展开：通过对理论知识的考核，考察大学生对知识的掌握情况及分析能力；通过大学生在实践活动中的表现及取得的成果，评价大学生综合运用各方面知识的能力及实践能力。在此过程中，根据大学生个体的不同情况进行点评并提出相应的意见与建议，从而通过各种渠道积极推进大学生自主创业教育的有效实施，提升大学生的自主创业能力。

4.5　创新之技能：实践中培养

对于在校大学生，课程学习是本职，创新力的开发自然离不开课程学习这一主渠道。理论与实践相结合是培养综合型高素质人才的根本途径，以"理论与实践相结合"的思想为指导，走产、学、研相结合的发展之路，不仅是培养全面发展的综合型人才的需要，更是高等教育的内在要求。《国家中长期教育改革和发展规划纲要（2010—2020 年）》在中国教育发展战略定位上，明确"教育为社会主义现代化建设服务，为人民服务，与生产劳动和社会实践相结合，培养德智体美全面发展的社会主义建设者和接班人"，给高等教育指明了方向，也给高校通过培养大学生的创新力开展素质教育提出了具体任务和更高要求。总之，着眼于大学生创新素质培养，全面实施素质教育，建立起科学的理论与实践相结合的课程体系并严格地组织实施，势在必行，也是高校课程改革的方向和重点，但从高校目前的实际情况来看，仍然任重道远！

4.5.1　当前高等教育理论与实践课程体系现状和问题

高等教育课程体系一般包括理论课与实践课两种课型。设置理论课主要是为培养学生的人文素养，传授专业理论和技术知识；设置实践课主要是为培养学生的职业能力，使其掌握运用所学技能解决实际问题的能力。理论课一般包括通识选修课、专业课，实践课主要包括实验、实习等。两类课程各自扮演不同的角色，共同为培养高技能专业人才服务。从时代发展对高等教育发展的要求来看，这种课程体系设置显得"稳重有余，创新不足"。

问题一：在课程模式与结构设计上囿于传统，缺乏突破。传统的"三段式"仍然是目前高校课程设置的普遍模式，即把课程分为基础通识课、专业课、实践课三大模块进行教学。这种课程体系布局仍然属于专业导向的"知识本位"模式。一是课程内容以理论知识为主体。理论教学相对具有明确的规范和要求，而实践教学的规范和要求则比较模糊，不甚完善，基础通识课与专业课占全部课程比重的 70%～80%。二是课程实施仍以课堂学习为主，实践作为一种学习形式，往往是理论学习的附属品。三是课程评价仍以理论知识学习评价为主。"三段式"课程模式虽有理论课、实践课之名，但只是相互拼凑，并未进行科学整合，与高校人才培养的目标和要求相违背。

问题二：实践课与理论课在整合上缺乏科学性。一是时间安排上不科学。本科教育前三年学习理论知识，第四年才真正地进入实践环节，实践课与理论课间隔时间过长，不合理。一方面，在学生学习理论知识的过程中，不明确实践要求，由于缺乏相关的实践背景与实际要求，学生学习理论知识的针对性不强，积极性不高；另一方面，实践教学的时间安排过于靠后，以至于学生对以前学习的理论知识的掌握及运用水平有所降低。二是课程安排顺序不科学。课程采取"三段式"的展开方式是强调理论在先，实践为次，教学的切入点是理论学习，这样势必出现学习定位错位的问题。三是方法整合不科学。现阶段高校实践课和理论课采用叠加的模式，两者只是机械地拼合在一起，而且实践课在实际操作中被明显"矮化"和"窄化"。

问题三：理论课与实践课二元分裂的危害依然存在。一是课程观念失去标准。高等教育是培养高技能专业人才的教育，其课程设置的目的应该是培养具有基础技能、职业素养、实践能力的高技能人才，而目前的高等教育课程体系采取的是理论先行、实践为辅的教学策略，理论知识仍然是教育内容的主体部分。这必然造成课程架构与课程目标的冲突、培养途径与培养目标的相悖，其结果必然是更加偏离综合性人才培养的目标。二是办学特色有失鲜明。课程的整体设置偏理论化，造成高等教育教学特色消失和教学模式趋同。许多高校在治学理念上都提出雷同的口号，采取大同小异的教学方式，同质化倾向十分明显，其结果是导致办学模式千篇一律和教学风格雷同。更为严重的是，这种趋同还反馈给人们消极的理念：高等教育就应如此进行。反过来，这样的逻辑思维又进一步强化了高校的盲目从众心理，形成恶性循环。三是人才培养质量不高。一方面，理论知识的学习有利于学生认知能力和理解能力的培养和提高，但并不支持学生实践知识的产生，更不用说培养学生的实践能力了。另一方面，实践课"缩水"，而且是以很不科学的方式实施编排，学生实习走形式、不到位，训练低效化，根本无法保证人才培养的质量。

4.5.2　构建理论与实践相结合的教学模式

4.5.2.1　建立与社会、企业深入沟通的课程设计体系

要让所培养的人才适应经济发展和社会需要，就必须加强与企业、社会的联系，多层次了解用人单位对人才综合素质的要求，据此修订教学体系，并在此基础上组建有企业人士参与的教学指导组，聘请企业管理方面的专业人员参与教学实践改革工作，指导教学设计，共同制订培养方案。最终由公共基础课程、专业理论知识课程、人文社科类课程构成理论和实践紧密结合的教学体系。具体情况参见表4-2。

表4-2　课程改革前后比较

类　别	改革前	改革后	说　明
课程体系结构	理论和实践教学两个体系有明显的学科化倾向，且缺乏"载体"，不自觉地回到"学科化"的老路上	落实了课程设置体系的实践性、开放性和职业性，实现了知识、能力与素质的统一	解决了课程怎样设置的问题
课程内容结构	理论教学内容和实践教学环节交叉进行，实践环节采取实验、实习、实训的形式单独实施	以工作过程为导向构建理论、实践融合的一体化课程结构，实习根据工作过程需要系统化设计	有企业专家参与，解决了高校课程教学内容怎样选取和设置的问题
课程教学方法	理论教学：以教师教授为主 实践教学：以验证性实验和企业实习为主	以实际需要为载体，全面开展"教、学、做"一体化的教学实践	解决了高等教育课程怎样设计的问题

续表

类　别	改革前	改革后	说　明
课程教学实施条件	初步实现了"课程结构的多学科、分层次、活模块、交叉性" 对学生进行职业化培训缺乏系统性的情境假设和教学平台	学习环境和工作环境合而为一，更加注重教师的素质 强调教学过程的实践性、开放性和职业性 校内教学考核与企业实践考核相结合，做到课堂与实习目标的一体化	解决了高校课程的教学设计问题

4.5.2.2　实施以建构主义为基础的课堂教学模式

建构主义（constructivism）最早是由瑞士学者皮亚杰创立的关于儿童认知发展的理论，他主张从内因和外因共同作用的观点来研究儿童的认知发展规律。建构主义作为学习理论是为改进教学而提出的理论，主要目的在于了解发展过程中的各式活动如何引发儿童的自主学习。其主要观点是：儿童是在与自己的生活环境相互作用的过程中，逐步建立起对外部世界的认识，从而使自身认知内容和结构得到逐步的发展。儿童建构起自身对环境的认知主要通过两个基本过程："顺应"和"同化"。当现有图式能被儿童用大脑进行理解并获得新信息时，他处于均衡的认知状态；而当现有图式不能被儿童用大脑进行理解并获取新信息时，平衡马上被破坏，认知的主体——儿童，就会修改图式或者创造新图式以求得新的平衡。儿童通过同化与顺应这两种形式来达到与周围环境的平衡，儿童的认知结构就是借助同化与顺应过程逐步建构起来的，如此循环往复，儿童的认知库在"平衡—不平衡—新的平衡"的链条中得到不断的丰富。

以建构主义为出发点的教学模式，其基本特征在于：在整个教学过程中，以学生作为教学中心，教师扮演促进者、组织者、指导者和帮助者的角色，利用情境、协作、会话等学习环境要素，充分发挥学生的积极性和主动性，激发学生的创造性思维，最终让学生能对所学知识有一个完整的建构。建构主义模式下的学习是以学生为中心的在教师指导下的学习；建构主义所提及的学习环境包含意义、协作、交流和情境建构四个要素，这四个要素各自有完全不同的作用，彼此之间有完全不同的清晰、明确的关系，并形成教学活动进程的一种稳定结构，即建构主义学习环境下的教学模式。

建构主义教学模式的具体教学方法主要有以下几种：

第一，支架式教学。欧共体"远距离教育与训练项目"（DGX）的相关文件规定，支架式教学应当为学习者建构起理解知识的一种概念框架。这种框架必须具有把复杂的学习任务加以分解，为学习者对知识理解的逐步深入提供捷径的功能。该框架应该按照学生智力体系的"最邻近发展区"来建立，然后通过这种类似脚手架的支撑作用不断地把学生的智力从较低的水平提升到一个新的更高水平，真正做到教学走在发展的前面。

支架式教学主要由以下几个阶段构成：①搭脚手架阶段——围绕当前的学习主题建立概念框架。②进入情境阶段——根据学习主题设计情境，将学生引入一定的问题情境中。③独立探索阶段——设计与学习主题相关的问题，并且留给学生独立探索的空间。探索内容包括：确定与之前给定概念有关的各种属性，并将这些属性按其重要程度依顺序排列。探索开始时要先由教师进行"抛砖引玉"的引导（例如演示推理类似概念的过程），然后让学生自己去独立分析。探索过程中教师要适度提示，帮助学生沿着概念框架逐步深入理解概念的内涵与外延。④协作学习阶段——按照主题特点精心分解，并进行小组讨论。⑤效果评价阶段——对学习效果的评价，既包括学生个人的自我评价，也包括学习小组对个人的评价，评价内容主要包括独立学习能力、小组协作学习能力，以及完成对所学知识的意义建构程度。

第二，抛锚式教学。抛锚式教学一般要求教学过程建立在有实际根据的真实事件、真实问题的基础上。这类确定的真实事件、真实问题被形象地比作"抛锚"，因为一旦这类事件或问题被确定了，整个教学内容和教学进程也就被确定了，就像轮船被抛锚固定了一样。由于抛锚式教学基本上以真实事件或问题作为教学切入点（"锚"），所以有时也被称为"实例式教学"或"基于问题的教学"。

抛锚式教学由这样几个阶段组成：①创设情境阶段——创设模拟情境，使整个学习过程能在和现实情况基本一致或相类似的情境中进行；②确定问题阶段——在上述创设的情境下，选择与当前学习主题密切相关的问题作为教学的中心内容；③自主学习阶段——由教师向学生提供解决该问题的有关线索（例如需要搜集哪些资料、从何处获取相关的信息和资料等），并要特别注意培养学生的独立学习能力，具体包括制定学习内容表的能力、获取相关信息与资料的能力、运用与评价相关信息与资料的能力；④协作学习阶段——在学生进行独立学习之后，进行多种形式的讨论、交流来丰富、修正、加深学生对当前问题的理解；⑤效果评估阶段——进行学生学习效果检测和评估，总结学习成果。

第三，随机进入教学。随机进入教学的基本思路来自建构主义理论的一个新分支——"弹性认知理论"。随机进入教学要求针对时间的差异、情境的区别、不同的目的、不同的学习方式，对同一教学内容进行相应的、有区别的呈现和学习，这既是根据提高学习者的理解能力和知识迁移能力的要求而提出的，也是根据弹性认知理论的要求而提出的。这种理论旨在提高学习者的理解能力和知识迁移能力。

随机进入教学主要包括以下几个阶段：①呈现基本情境阶段——向学生呈现与当前学习内容相关的学习情境。②随机进入学习阶段——取决于"随机进入"学习所选择的内容和主题，呈现与当前学习主题的不同侧面特性相关联的情境。③思维发展训练阶段——由于随机进入学习的内容通常比较复杂，所研究的问题往往涉及许多方面，因此在这类学习中，教师还应特别注重发展学生的发散思维能力。其一般方法有：师生之间的交互学习和沟通在"元认知级"进行，建立适合学生的思维模型，即要研究和掌握学生思维发展的特点，注意培养学生的发散性思维能力。④小组协作学习阶段——针对不同侧面的情境所获得的认识展开小组讨论。⑤学习效果评价阶段——包括自我评价与小组评价，评价内容包括独立学习能力、小组协作学习能力，以及完成对所学知识意义的建构程度。

4.5.2.3 搭建理论与实践相结合的平台

高校教学的顺利展开不仅需要一个合理、规范、切合时代与社会发展需要的教学模式，还离不开一个将理论与实践完美结合的平台。高校教学的硬件设施及平台在教学活动中起着巩固和拓展的作用，为学生将课堂上所学内容通过实践加以融会贯通提供条件。

学校对于教学硬件的建设应加大资金投入，尤其对于理工性质的学科，应按学科技术能力模块来规划实践教学基地，努力创建开放、模拟、仿真的实践教学基地与工程技术环境。在学校的软件设施建设上，加大对"双师"型教师的培养力度，提高教师队伍的整体专业教育素质；开发设计具有较高技术含量的创新性、工艺性、综合性的实训项目，逐步形成专业应用、技能应用与综合实践能力拓展、基本实践操作技能培养有机结合的实践教育体系，这是形成应用型人才培养模式特色的关键所在。

以通信类为例，通信、信息类专业毕业生在以后的工作岗位上将承担"通信与信息技术"方面的具体任务，应该在实际工程技术方面具有较强的优势，因而对应用性技能有较高的要求。因此，在该专业的培养目标以及课程设置上就必然要强调实践性，其培养过程也应突出实践性，注重加强专业技能的训练；在教学实验室建设上，要加大资金投入，按工程技术能力模块规划建设电子设计自动化实验室、电子系统仿真实验室、通信网实验室、无线通信中心及通信系统传输网系统工程实训基地等。另外，为全方位践行实践性原则，还可以与一些企业建立广泛联系，建立校企教学实训基地，完善校内外协作、资源共享的实践教学体系。

高校管理部门对于理论与实践相结合的教学模式应高度重视，要充分认识到理论与实践相结合的重要性，从政策、资金、技术、制度等方面给予大力的支持，形成"学生参与、教师指导、学校支持"的良好环境，使理论与实践相结合的教学模式得到有效运用。

4.5.3 构建师生组队科研模式

团队合作指的是一群有能力、有信念的人在特定的团队中，为了一个共同的目标相互支持、合作奋斗的过程。师生组队开展科研活动，就是团队成员是教师和学生，师生共同就某个问题开展科学研究，进行科研活动。其特征是：团队具有高度的领导力；核心是教师，学生由教师带领参与；团队属于学习型组织。

师生组队科研模式有其特殊意义，不仅有利于学生在活动开展过程中学到规范的科研方法和知识，而且也对教师的教学及科研能力提出了更高的要求，能够有效带动学生的创新能力，提高教师的教学质量，营造一种探索研究和个性发展的氛围，使师生获得共同提升。

师生组队科研模式对学生的实践能力提出了高要求，同时给予学生更好的学习平台。科研活动要求学生能够理论联系实际，不仅要对学科知识体系及发展方向有一个全面、清晰的认识，而且要有敏锐的观察力、快速的反应能力和解决问题的能力，更好地了解现实需要。此外，还要在课题设计、科研思路、可行性分析、信息筛选等方面积累相当多的经验。这可以使学生得到充分的科研尝试与锻炼。另外，师生组队科研模式也为学生提供了一个将所学知识运用到实践中的极好的平台，能够让学生学以致用，巩固理论知识。教师的指导和带领，也使学生在科研活动中潜移默化地学习到规范的科研方法和缜密的思维方式。

师生组队科研模式对教师的实践能力提出了高要求。师生组队科研模式对学生的高要求相应地也转化为对教师的高要求。只有教师具有很强的实践能力，才能够全方位、多角度地指导学生。另外，课题所涉及知识的深度和广度也对指导教师提出了更高的要求。教师如果不加强学习、更新知识体系，则难以从容应对指导任务。因此，师生组队科研模式能够对教师的实践能力和教学研究水平的提高发挥重要作用。

4.5.4 构建多样化课外实践模式

4.5.4.1 "三个课堂结合"教学模式

"三个课堂结合"教学模式的内涵及基本思路如下：

21世纪，世界科技、经济以及社会大变革对教育提出了新的挑战。发达国家为适应知识经济时代对知识人才的要求，提出了"全人发展"的教育新理念，在传统的以传授知识为目的的课堂教学和实践教学，即第一、第二课堂的基础上，又提出了第三课堂的模式，参见图4-3。

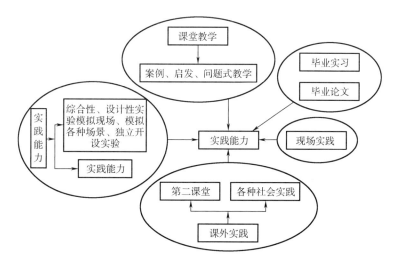

图4-3 多样化课外实践模式

第三课堂是第一、第二课堂的进一步拓展和补充，是培养学生实践能力和创新精神的重要途径，重在"实践"，侧重于学生思想品德教育、劳动教育、健康教育和心理教育的创新，将课堂教学与各种形式的社会活动（如社会调查、咨询服务、志愿者活动等）相结合，使学生在实践活动中接受熏陶和锻炼，形成良好行为习惯。

　　活动课教学模式的构建借鉴了建构主义理论和行为主义理论，"贯穿一根线，实施三步走"是该教学模式设计的指导思想。活动课教学模式的基本程序如图4-4所示。

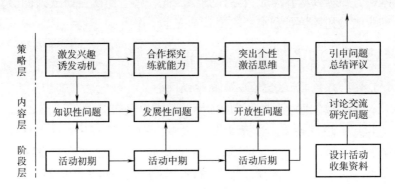

图4-4　活动课教学模式的基本程序

4.5.4.2　研究性学习模式

　　与传统教学模式相比，研究性学习模式需要特定的环境、资源和制度支撑。教师要引导学生进行课外实践，通过实践提高学生的认知思辨能力、实际操作能力和创新能力。

　　研究性学习过程包括以下几个方面：

　　（1）确定选题。选题是课后研究性学习实践操作的首要环节。研究性学习能否达到预期目的，在很大程度上取决于选题的新颖性、切入点以及内涵和外延的界定等。选题可以来自三个不同的方面：教师根据课程内容，同时结合学生兴趣选定课题；学生结合课程内容与自身兴趣，自己提炼课题；师生通过讨论共同确定课题。

　　（2）进行可行性论证。确定科学可行的选题是研究性教学实践环节成功的前提，教师和学生要从选题的现实和理论意义、可操作性、完成的时间保障等方面采取可行性论证分析，确保相关课题实现的可行性。

　　（3）组建高效的研究团队。高效的研究团队是实现预期目标的组织保证。组建高效的研究团队应注意：团队规模不能过大，否则会降低团队的凝聚力；团队成员应具备三种角色——决策型个人、技术型个人和人际关系维护者；保证成员特质与团队角色的吻合，充分发挥成员的才能。

4.5.4.3 "扎根实践"特色调研模式

"扎根实践"特色调研模式是教学方法的户外创新，它以"紧扣社会热点，扎根基层实践，提升实践能力"为理念，鼓励学生利用假期时间深入基层、贴近实际、参与实践，通过实地考证和专业视角，调研经济社会热点问题；结合所学知识，分析基层实践经验与教训，提出相应政策建议，完成有一定深度的研究论文或调研报告。这种基层特色调研模式能够使在校生认识到社会的多元性，增强学生的社会责任感，培养他们的学术洞察力和创新精神，提升他们发现问题、解决问题和知识转化的能力。"扎根实践"特色调研模式必须做到有目标、有理念、有知识、重实践、接地气，能够成为学生以知促行、以行促知、知行合一的有力载体。

4.5.4.4 中外学生合作互动模式

随着高校留学生人数的增加，中外学生沟通与合作的机会也日益增多，中外资源的互通、差异文化的交流成为国际化背景下在校生提升实践能力的首要前提和基本要求。高校中外学生互动模式可以以正式或非正式的形式展开。正式的形式是指：通过举办跨文化交流活动、学术文化节、国际周等活动拓宽学生的全球视野，培养他们的跨文化素养和交流探讨能力，促进不同国家和地区学生的学术研究合作，实现双方学习借鉴、经验共享、相互启发、彼此促进、共同提高的培养目标和美好愿景。非正式的形式是指通过俱乐部、茶话会、线上网络交流等形式增强中外学生的日常联系，并在此过程中提升学生的实践能力，切实推进多元文化的兼容并包，提升个人的国际化发展水平。该模式本着相互学习、协同共赢、交流合作的精神和理念，能够有效推动中外学生在学术科研与课外实践方面的进一步发展。

4.6　创新之动力：自我教育与自我管理

创新型人才的培养是一项复杂的系统工程，应以学校为主体，以家庭为依托，同时依靠政府与社会给予的政策支持与鼓励。人才培养的效果是主客观因素共同作用的结果，其中，培养学生具备自觉能动的创新意识与创新能力是创新型人才培养工作的根本出发点与落脚点。

学生的创新意识与创新能力是其自我教育与自我管理的重要体现，与学生的成长、成才、成就动机紧密相连。因此，引导并激励学生实施有效的自我管理与自我教育，是激发学生自主创新与主动创造的关键动力。

4.6.1 自我教育与自我管理的内涵

可持续发展的教育的本质在于教育的"内化",它是个体主动开展的教育活动——自我教育。自我教育,是个体实施的自我认识、自我监督与自我评价的过程。自我教育能够使学生自觉地优化个性心理品质,有助于创新精神的培养、创新能力的提高和创新人格的塑造。

在进行教学体系优化改进过程中,需要创设一种有利于学生进行自我教育的环境,鼓励个体发展个性,进行分层次教育,激发学生的自主精神,并对能够进行自我教育的个体给予奖励。只有学生将教育者提出的教育要求转化为自我要求,内化在与个人成长目标相符的行为中,转化为自觉意识,将其付诸实施,教育的目的才能通过外在教育与自我教育的有机融合得到实现。

自我管理,是个体对自身的目标、思想、心理和行为等表现进行的管理,也就是对自我进行组织、管理和激励约束,最终实现自我奋斗目标的过程。它是一种重要的心理品质和行为能力。大学生进行自我管理的内容包括目标、时间、技能、金钱、学习、交往以及自我控制能力等。

大学生自我管理的本质是在既定的管理主体的价值取向引导下,由客体约束向主体自律渐进转化的过程。教育教学、学生思想政治教育工作是引导学生认识自我管理的重要意义以及培养与提高学生自我管理能力的主要方法。在当前的社会形势下,学校应从激发学生自我管理意识、营造自我管理空间、提升自我管理能力三个方面设计实施教育体系。这种教育体系符合学生成长规律,以学生为本,能够为学生创造宽松的发展空间,激发学生的内在成就动机。成就动机是个体追求自认为有价值的工作,并使之达到完美状态的驱动机制,是一种以高标准要求自己力求取得成功的动机,是学生通过实施自我管理提升创新意识与能力的桥梁,是促使学生主动进行创造性思考与行动的根本。自我管理是提高学生成就动机的重要影响因素。教育者有意识设计的教育体系应强调对激发学生个人成长与发展的成就动机的关键作用,促使学生更加自觉与规范地实施自我管理,强化自我管理能力。

学生社团和学生组织具有较强的自立、自发、自我管理的特征,具有独特的同龄亲和力与凝聚力。学生自我管理的实现,既是个体行为,也受群体行为影响,应充分发挥学生社团与学生组织的引领与带头作用,为学生创造和提供充分的自我管理的自由空间,引导学生在学习、社团活动、人际交往、工作生活过程中实现自我管理。

4.6.2 自我教育与自我管理的流程管理

自我教育与自我管理的过程包含自我认知、自我评价，自我调节、自我监控，自我建构、自我激励，自我超越、自我完善。自我认知、自我评价是基础和前提。自我调节主要包括自我情感调节、自我思想调节和自我行为调节，三者相互依存、相互作用，统一于自我调节的全过程。自我建构是指主体根据自身发展的需要，在理性认识的基础上，建立"理想自我"的形象，并制订由"现实自我"向"理想自我"转变的计划和具体措施。自我建构与自我激励有助于大学生形成积极稳定的心理状态，有助于保证自我教育与自我管理沿着正确的方向行进。自我超越与自我完善是自我教育、自我管理的最终目标。

4.6.3 自我教育与自我管理的环境建设

自我教育与自我管理并非自然发生的过程，需要一个良好的环境，需要外因和内因相结合，共同发挥作用。大学生的价值取向与行为取向必然受到社会价值取向与行为取向的根本影响，因此，尽管外部环境并非自我教育与自我管理的决定因素，但它对于唤醒大学生自我教育与自我管理的意识、推动大学生积极进行自我教育与自我管理具有不可忽视的作用。高校的教育设施和设备等硬件条件，以及校园文化、良好的师生关系、和谐的同学关系等是自我教育与自我管理的微观环境。良好的校园文化、积极和谐的校园人际关系能够产生凝聚力和向心力，从而在推动大学生自我教育与自我管理的过程中发挥积极的作用。

4.6.4 自我教育与自我管理的路径管理

大学生进行自我教育与自我管理是实践现代管理理念，坚持"以人为本"思想的具体体现。在高校管理中，应切实践行以学生为本的原则，积极与学生沟通，让学生参与教学管理，激发学生的创新潜能。具体而言，要做到以下几个方面：

第一，解放思想，转变观念。在以有效促进学生实施自我教育与自我管理为目标的教育体系中，教育工作者必须始终牢牢把握学生的时代特点、群体特点、思想特点和行为特点，切实改变传统、僵化的教育思想，打破说教式与严格等级关系的教育管理模式，积极营造民主宽松、公平开放、规范有序的教育环境。遵循学生成长的客观规律和实际需要，以科学化的方式为学生提供有说服力与指导性的建议，以发展性的视野拓展学生的思维空间，启发学生进行自我认知与规划，在帮助学生成长和成才的过程中，获得学生的信任，使学生理解、接受、信服并传播学校学生工作的理念、方法，激发学生参与的积极性与自主性，从而将学生由单纯的被动接受者转变为教育设计的主动参与者，使教育工作能够真正牢牢把握学生的成长动机，激发学生自我教育与自我管理的无限潜能。

第二，优化队伍，提高素质。以促进学生自我教育与自我管理为目标的教育体系对教育者提出了全新的要求。一方面，教育者必须具备整合教育资源与设计教育体系的能力，要具有开阔的视野、广泛的社会阅历，具备与现代教育理念相符的专业化业务能力。另一方面，教育者要掌握丰富多样的教育方式，理解并灵活运用多种教育手段，以扎实稳健的执行力将新的教育管理思想和理念真正转化为细致深入的具体工作，在逐步推进教育工作的每一个细节中，指导学生培养并提高自我教育与自我管理能力。

教育者必须具备可持续发展的学习能力，形成牢固的学习意识，坚持不懈地进行主动学习，了解社会经济发展形势，认识社会思想变化的本质，理解学生的特点，掌握前沿教育方法，拓展教育手段，不断提高综合素质，持续学习与改进，以不断适应社会环境、学生特点的发展变化，从而能够始终保持教育工作的时效性、针对性与有用性。

第三，突出主体，整体设计。以促进学生自我管理与自我教育为目标的教育体系必须突出学生的主体地位，即学生不仅是对象主体，而且是参与主体，尤应重视在工作设计环节吸收学生参与，使各层各类教育工作能够直指学生关注的焦点，契合学生自我良性发展的动机，启发学生自我成长的原动力，从而将外在的教育工作转化为学生内在的自觉意识与主动行为。新的教育体系应强调整体设计，需要整体设计与把控符合学生特点的教育体系，将多样化的学生个性考虑在内，在统一清晰的思想理念下，整合教育资源，优化教育流程，丰富教育手段，增强因材施教的系统性与选择性，提升教育工作的科学性与艺术性，真正实现"育人"而非"管理"。

4.7　创新之主导：创新型师资队伍

教学是由教师的"教"和学生的"学"组成的。在教育活动中，教师对学生的学习起着引导、规范的作用，对学生的学习方法、学习态度具有重要影响，在学生的世界观、人生观、价值观的形成中起着重要作用。因此，创新型教师队伍在培养大学生创新素质过程中发挥着重要的主导作用。

4.7.1 创新型教师资源培养规划

建设创新型师资队伍的前提是对"创新型教师"形成明确具体的评判标准，只有正确地解决"是什么"的问题才能对"怎么做"的问题提出相应的方法和措施。在明确了创新型教师选拔标准之后，需要从培养教师的创新能力和改善外部环境两方面开展创新型教师培养工作。

其一，要明确创新型教师的选拔标准。创新型教师的选拔标准包括创新的教育理念，综合、全面的知识体系，娴熟的教育技能与崇高的职业精神几个方面。首先，教师要具有创新的教育理念。创新的教育理念的核心要素是以人为本，重视人的价值，将传授知识与培养技能及启发思维有机结合。创新的教育理念还要求重新审视师生关系：师生是民主、平等、合作的关系。其次，教师要具有综合、全面的知识体系。综合、全面的知识体系不仅要求教师具备深厚的专业知识功底，对自己的专业有深刻的研究，对专业的发展方向有所把握，而且要求教师广泛了解其他专业的发展，能够将其他专业知识与本专业知识有机结合，创新学科研究方法，在学科交叉中拓宽本专业研究范围，即做到深度钻研、高度综合。再次，教师要具有娴熟的教育技能。教师应具备高超的教学技艺，能将抽象、复杂的知识生动、具体、简易地展现给学生，使学生乐于深入探索，充分激发学生的创造才能。同时，在信息化时代，教师应能借助网络、多媒体等先进的教学设备开展教学工作，灵活运用多种教学手段和方式，提高教学质量。最后，教师要具有崇高的职业技能。这也是最重要的一个要求。创新型教师应具备高尚的师德。教师要爱岗敬业、无私奉献，以高尚的人格去影响学生，对学生的成才起到积极的影响与榜样作用，对学生的培养倾注时间、精力与心血，促使学生积极进取、奋发向上，敢于突破常规，不断探索与超越，让创新成为其发展的内在动力。

其二，要制订实施创新教育的培训计划，增强教师队伍的创新能力。培训是确保教师能够紧跟时代步伐，提高教师整体素质与创新能力，帮助教师应对教育变革挑战的有效手段。培训应积极主动、灵活多样、提高实效。首先，培训内容要充实。其主要包括思想理念、专业知识、教学技能、学术研究创新等方面的培训。培训内容要充实丰富、实际有效，不搞形式主义。其次，培训形式要多样。其包括岗前培训、进修、国内外访问交流等。应注重设计多样化的培训形式，注重教师发展的差异性，为教师营造广阔的提升空间。再次，培训手段要丰富。其主要包括专家讲座、经验交流会、网络教学、多媒体运用培训等。在信息时代，教学手段的变革对教师的素质提出了新的要求，掌握多媒体设备运用技术与网络教学技能成为对教师的基本要求。最后，培训制度要科学。应通过不断优化和完善形成科学合理的培训工作体系，包括培训实施体制、机制以及经费落实等，切忌盲目开展培训，应使培训确实能够提高教师的素质和能力，而不是成为教师的新负担，应使教师的培训成果能够得以体现。

其三，要改变教学科研行政化倾向，加强学术管理民主化建设。学校各部门对教师队伍的管理，应当以尊重人才为基础，以服务为目的，通过为教师解决工作、生活方面的后顾之忧，创造良好的科研工作条件。要明确教师在学术事务上的地位，真正做到尊师重教，确保教师在学术思想上的自由，创造宽松的学术氛围。在高校的教学科研活动中应充分尊重教师的主体地位，调动教师在教学科研方面创新的积极性。

4.7.2　创新型教师人才交流机制构建

人才的交流在一定程度上有利于合理调整教师队伍，充分挖掘教师创新潜能，加强创新型教师队伍的整体素质，因此，建立人才交流制度是创新型师资队伍建设不可缺少的部分。

人才交流途径从空间角度可分划分为国内人才交流、国际人才交流两个方面。首先，要加强国内人才交流。一方面，应整合校内资源，加强校内人才交流。通过内部不同年龄阶段教师的交流、不同院（系）专业教师的交流，增加了解、启发思路，实现优势互补，优化内部结构；另一方面，应促进高校之间、高校与企业间的人才交流，不拘一格引进人才。通过聘请客座教授、聘用名誉教授等方式实现人才共享，提高教师的利用率。学校也可聘用在相关行业中有开创成就的人士担任教学工作，在实践性强的学科（如管理、商学）中引进社会人才，使学校的教育紧密联系社会实际，从而培养实践能力强、具备创新素质的优秀人才。其次，要加强国际人才交流。要加强国际交流合作，引进海外优秀人才，提升教师整体素质。对于教师而言，双向的国际交流让他们有机会了解国际最新的教学动态，包括最新的教学模式、课程设置、评价方法等，有利于促进教师高等教育观念和思维模式的变革，这无疑将对教师进行创造性教学有极大的启发作用，会收到事半功倍的效果。坚持国际化的教师资源观，有利于借鉴引进先进的技术、理念，缩短我国同国外学术水平的差距。可以通过与海外著名院校联合办学及开展合作研究、聘请海外留学归国的著名学者任教、聘请海外专家到校举办讲座或讲学、推荐优秀教师到海外进修学习等多种方式进行多层次、宽领域的人才交流。

要建立起有效的交流机制，坚持自由开放的教师聘用制度，确保人才能够合理流动。在教师人才流动过程中应坚持发挥市场配置资源的基础作用，这样有利于教师与学校的自由选择，促进教师队伍的合理优化配置，增强整体创新能力。人才的交流还要有一定的法律法规保障，以此规范学校之间、学校与教师之间的关系，避免造成学校与教师双方在聘用关系上的冲突。在人才引进的同时还要注意人才的流出。一些高校高薪聘用高学历人才、海外人才，在福利方面严重向他们倾斜，虽在一定程度上有利于吸引人才，提高教师队伍的整体素质，但也要注意已在岗教师的感受，否则会造成已在岗教师的强烈不满，严重挫伤其积极性，甚至引起大量人才流出，造成人才流动的混乱。

4.7.3　创新型教师的自我完善与发展

在科学技术迅猛发展、竞争日趋激烈的时代背景下，教师队伍面临知识结构更新换代和反复培训的任务，高校师资培训也应由基础培训和学历补偿教育转向全面提高教师素质和学历层次的全面继续教育。这种终身教育理念要求教师树立"活到老学到老"的思想观念，教师必须能够时刻鞭策与激励自己，孜孜不倦地奋斗在教学、科研的前沿，与时俱进、开拓创新。正如法国教育家保罗·朗格让所说，人凭借着某种固定的知识和技能就能度过一生，这种观念正在迅速地消失。在内部需要的压力下，同时也是为了满足外界的需求，教育现在正处在实现其真正意义的进程中，其目标不仅是为了打开知识的宝库，更是为了个人发展，作为多种成功经验的结果，而达到日益充分的自我实现①。

---

① 朗格让.终身教育引论［M］.周南照、陈树清，译.北京：中国对外翻译出版社，1985：128-129.

4.7.3.1 创新型教师的自我完善

教师的自我完善包括教师思想道德的发展与完善、教学理念的更新与完善、知识结构的调整与完善、教学技巧的学习与完善。首先，思想是行动的先导，高校教师必须有较高的思想政治觉悟，有较深的职业道德修养，能够做到为人师表，受到学生的尊敬与爱戴，以人格魅力和科学的文化素养正确引导学生成长。其次，教学理念要根据社会变革发生改变，一个具备创新素质的教师应该密切关注社会发展形势，紧跟国家大政方针政策，根据社会的实际需求去思考未来的教育应该如何发展，什么样的教学理念符合社会要求、有利于国民素质的提高。再次，知识结构的完善对于创新型教师来说是非常重要的。高校教师承担着用最先进的科学知识培养下一代的重任，必须重视自身科学文化素质的提高，关注专业发展新动态，同时要触类旁通、广泛涉猎，率先做到用科学知识武装头脑。最后，教学技巧的提高与完善是一个不断积累与学习的过程，教师应有意借鉴教学方式与技巧中的成功案例，运用灵活多样的教学技巧，帮助学生加深对知识的理解。

4.7.3.2 创新型教师的自我发展

创新型教师的发展是一个长期的过程，从他人经验的借鉴到成功教学经验的自我积累再到比较稳定的教学风格的形成，是教师不断进行自我调整与自我完善的过程，这种调整是随着时间的推移而不断变化的，不存在对任何学生和任何教学情境普遍适用的教学风格。因此，创新型教师必须持权变和发展的观念，从扬弃的哲学视角看待不同阶段的自己，永不满足，紧跟时代的步伐，明确发展的过程是波浪式前进和螺旋式上升的，勇于面对革新途中的各种困难与挑战。教师个人的发展无法脱离其所处的环境，因此，创新型教师不仅要善于自学，而且要善于相互学习，正确对待自身所处的环境。

教师的发展应着重从以下几个方面取得突破：①注重课堂教学技能的提高。高校应经常开展一些公开课教学评比活动，为教师提供互相学习与借鉴的机会，听取学生、同事、领导等多方意见；教师也应该多对自己的教学活动进行反思和总结，吸取经验和教训，思考其中成功之处与有待改进之处，提出一些改进措施，不断提高自己的教学质量与教学水平。②注重创新能力的提高。高校应该经常开展教研活动，对日常教学研究中遇到的问题进行集中讨论，并将讨论结果整理成书面文件统一发放；可以举办一些学术竞赛活动，激发教师创新探索的热情。③注重教学研究成果的应用，主动掌握新的教学设备与工具的使用方法。例如，在信息化时代教师应该掌握多媒体操作技能、网络教学技能，利用互联网进行科学研究。

4.7.4 创新型教师队伍管理机制

创新型教师队伍管理机制是指牵引机制、激励机制、约束机制和竞争惩罚机制，它们相互协同，从不同角度来整合和激励组织的教师人力资源，并重点提出创新性要求，提升教师队伍管理的有效性。

高校通过牵引机制告诉教师应该前进的方向和应该采取的行为方式；通过激励机制给予教师不断提升自我价值、能力和业绩的动力；依靠约束机制确保教师的行为始终处于帮助高校实现创新性发展的轨道之中，而不发生偏离；依靠竞争惩罚机制对不合格的教师施以惩罚。这四大机制形成一个全面的教师人力资源管理系统，使得教师在高校中能够持续性地处于激活状态，不断提升创新效力。

4.7.4.1 牵引机制

高校必须明确对于创新型教师的期望和要求，鼓励教师开拓进取，提升教育教学质量，增强科学研究实力，促进师资队伍水平建设。高校设牵引机制的关键在于向成员清晰地表达组织和工作的行为和绩效期望。首先，要将创新性要求明确纳入高校教师的职位说明书中，阐明其所要履行的主要职责和工作内容，完成这些职责的成果标准，以及需要具备的相应知识和技能，并提出胜任力要求。其次，要设定严格的教师创新能力考核标准，形成兼顾内部公平与外部公平、内部竞争与外部竞争的指标评价体系，即创设自上而下的目标牵引机制。再次，要注重教师队伍中创新型文化和价值观体系的构建，既使科研团队成员联系紧密，也培养个人的创新精神。最后，要为教师提供多样、多次的培训与进修机会，提高教师的教学质量和科研水平，传递组织的文化与价值观，使制度牵引和文化牵引能够找到深化的载体和落地的途径，切实带动创新能力。

4.7.4.2 约束机制

约束是指对成员的行为进行限定，使其符合组织发展要求的一种行为控制。约束机制使得成员的行为始终在预定的轨道上运行，它的核心在于绩效考核体系和职业化行为评价体系。要有效、严格、科学设定创新绩效量化硬指标，并定期对教师完成创新工作的数量、质量进行考核评价，真实反映其在教学、科研与社会服务中的创新尝试与成果，避免出现照顾个人的晋升高聘、轮流坐庄等现象，从而不断强化高校对于创新型教师队伍建设的要求。另外，加快推进将创新作为高校教师职业化行为的进程，一旦这种行为评价的结果与教师薪酬待遇、升迁发展以及竞聘上岗等相挂钩，就能够对教师的行为形成有效的约束，使教师的行为符合高校创新性发展的要求。

4.7.4.3　激励机制

恰当有效的激励措施能够激发教师的主动性和创造性，从而更好地达成既定的目标，巩固已取得的成果。激励措施应该合理恰当，要有针对性地采取激励措施，注重个体差异，对于不同的情况应该有不同的激励方法。激励措施的运用要掌握程度，要对被激励对象的情况有一定的了解，激励程度太轻则达不到预期效果，太重又会适得其反。激励措施的使用还要配合特定的场合与有效时机，要让被激励者保持最佳状态。激励措施应注意多层次、多种形式相结合，要善于打组合拳，最大限度地发挥激励作用。

（1）物质激励。物质激励是最基本的，也是最常用的激励方式。按照马斯洛的需求层次理论，生理需求是人类最基本的需求，这类需求不能得到满足，其他的活动就难以正常展开。高校可采取同教师教学、科研成果相结合的奖金福利制度，激发教师的创新热情。同时，要设计合理的工资薪金，吸引优秀人才加入教师队伍。物质激励的一个很重要的方面就是注重激励的公平，激励要达到教师的心理预期，否则，很难实现预期效果。

（2）精神激励。精神激励是比物质激励高一层次的激励措施。精神激励是一种比较长效的激励方式，能够较好地将组织目标内化，激发组织成员的斗志。教师职业的特殊性，使得精神激励显得极为适合有效。教师的精神需求可大致分为得到认可、受到尊重的需求，实现自身持续发展的需求，以及自我实现、实现理想抱负的需求。学校对工作成绩突出、在教学科研上取得成就的教师应该及时加以表彰。社会提倡尊师重教，学生对教师的劳动成果表示尊重与感激，都对教师有极大的精神激励作用。

（3）目标激励。目标激励是一种常用的激励方式，通过目标管理，将集体目标与教师个人的目标有机结合，以激发教师的主动性与创造性，使教师通过目标的实现产生事业上的成就感。高校可根据教师的发展意愿与学校创新型建设目标的要求，设计合理的晋升发展制度，使教师在实现个人目标的同时很好地达到组织的目标。

（4）行为激励。行为激励是指树立榜样，正面宣传榜样的先进事迹，使大家向榜样看齐，朝榜样靠拢，以榜样的力量来激发教师的创新热情。

（5）工作激励。可以设计工作过程，使工作丰富、多样化，给予教师更大的自主性，使工作本身更有挑战性，更具有内在价值和吸引力。

4.7.4.4 竞争与惩罚机制

高校不仅要有正向的牵引机制和激励机制，不断推动教师提升自己的能力，而且还必须有反向的竞争惩罚机制，对不符合创新型教师成长和发展要求的行为施以惩罚，同时将外部压力传递到组织之中，实现对高校创新型教师队伍的整合与激活，防止人力资本"缩水"。

（1）竞争。在竞争状态下，参与者能够集中注意力、活跃思维、激发斗志、提高活动效率，同时组织可以获得更好的回报。在教师聘用上坚持公开招聘、公平竞争，形成能上能下、能进能出、竞争择优、充满活力的用人机制。在教学科研活动中也可开展不同形式的竞争，结合合理的评价制度与奖励制度，使竞争发挥作用，摒弃论资排辈的落后体制，避免部分人产生心理不平衡感。当然，竞争也可能产生一些消极影响，如引发教师之间的紧张关系等，这是要尽量避免的。

（2）惩罚。在高校教师队伍的管理中，可采用负强化的措施，即通过科学的评价手段，对组织成员进行合理排序，并在一定范围内，实行奖优惩劣。利用带有强制性、威胁性的控制手段，如批评、降薪、降级、淘汰等来创造一种令人不快或带有压力的条件，否定和惩罚某些不符合要求的行为，使教师认识到自身的不足并加以改正，与创新方向保持一致，激发他们的工作热情。当然，这种负强化需要恰如其分，要以理服人、宽严相济，切忌"一棍子打死"，以免挫伤教师的自尊心与积极性。采取惩罚措施的最终目的是达成组织目标，形成教师队伍的竞争优势，以批评求团结，在团结中求发展。与之相应，还应该有减轻处罚、撤销处罚的措施，目的是给被处罚者以希望。

4.8 创新之控制：评价与评估体系

创新素质的培养需要有科学合理的评价与评估体系作为支撑。评估评价体系对受教育者具有导向、认知、激励等功能，对教育者具有检验、修正、资源配置、考核等功能。建立科学的评价与评估体系是开展创新素质教育的重要控制手段，是创新素质培养模式构成中的重要环节。

4.8.1 考试成绩的创新评估

4.8.1.1 改革考试制度

传统教育中的考试意在检验学生对已学知识的掌握程度，重点考查学生的记忆力、理解力、逻辑思维等能力；而要培养创新人才，关键在于加强对学生的想象力、分析批判能力、多角度思维能力、实际操作能力等的考查。因此，考试的内容要适度剔除需要死记硬背的知识，要通过多种方式考查学生对知识的综合理解和运用能力。

4.8.1.2 改革考试方法和考试内容

传统的课堂教学关注的是对知识的传授和记忆，学生只有死记硬背学过的知识才能顺利通过考试，这样不利于对学生创新能力的培养。创新教育要将着重点放在培养学生创造性地分析、解决问题的能力上，借此提高学生的创新意识和能力。因此，我们有必要对传统的考试方法和内容进行改革：一是改革考试方法。尽量采取开卷考试形式，考试时允许学生带课本、笔记等资料，允许学生表达自己不同的看法和独到的见解，问题不设置标准答案，对创造性的回答可以适当性提高分数，将学生引导到对问题的分析和解决上来，减轻他们的应试压力。二是改革考试内容。考试内容以课堂知识的实际运用为主，对学生参与课外活动取得的创新成果，按相应的规定和要求给予一定的学分，以资鼓励。

4.8.1.3 改进教学评价检验标准

我国教育制度体系下的各类考试，意在选拔人才，但是随着考试形式的日益标准化、模式化，"一考定终身"的现象越来越突出，将学生的知识结构、思维结构都局限在一个既定的模式中，对统一标准答案的追求更是束缚了人的思维，违反了考试的初衷。

考试有评价和选拔功能，这是不容置疑的。消除有违考试初衷的现象，就要改革传统的考试制度和考试方法。同时，考试的内容和形式也亟须改变，尤其是考试的评分方法。要充分利用现在大学中教学评价的导向作用，让教师积极探索创造性教学形式，营造课内外创新氛围，并提供有效的制度保障，激励学生形成创新意识，提倡创新思路，鼓励创造发明。考试评分要突破原来单纯的按平时签到情况和期末成绩来计算的模式，应弱化卷面成绩的重要性，加大学生课外创新成绩的比例，对学生课外创新能力进行系统化、合理化和科学化的评定，真正达到培养创新型大学生的目的。

4.8.1.4 改革教师考核评定模式

对高校教师考核评定模式的改革，有利于考试成绩创新评估改革的顺利进行。大学教师要有强烈的创新意识，并且必须具备一定的创新能力。这项工作要得以真正落实，就需要对教师的考核评定模式进行改革，建立科学的教学质量评价指标体系。可以借鉴企业激励机制，充分调动教师创新的积极性和主动性。例如，在教师年终奖金、职称评定等问题上，向有创新的教学或科研成果的教师倾斜，逐步引导教师把教学重点转向开发大学生的创新能力上。要鼓励教师在教学改革中不断更新教学内容和方法，与社会和时代接轨，同时注重培养学生的创新意识、创新思维及创新能力，创造富有特色、符合实际情况并适当带有前瞻性的教学模式。

4.8.2 创新能力的质量评估

要构建关于创新型人才培养质量的评估体系。评估体系的主体框架包括三个部分：第一部分，人才培养的教育理念、条件以及管理。应重视思想观念的培养和硬件设施的建设，前者包括设计教育理念，制定人才培养的规划、要求与办法，以及确定人才培养的管理机制，后者包括教学设施建设、创新基地建设、各学科专业平台课程的建设与改革等。第二部分，培养高素质创新人才的具体活动。其关键是教师能力的培养，包括教师创新精神和科研能力的培养。其中，学校学术氛围，课堂教学内容、方法与手段，实验教学、寒暑假实习和相关的社会调查，教师指导学生从事科研活动等方面是重要内容。第三部分，高素质创新人才的培养效果。其关键是评价体系，包括学生的思想道德、专业知识、文化素质、身心素质、创新精神和实践能力以及毕业生评价等各个方面。以上第一部分和第二部分是对高校内部教育和管理方面的总体评估，第三部分则是针对学生群体进行的测评。

在此，以某课题组对理工科高校相关研究为例，对评估体系建设思路做初步的方向性阐述，为下一章定量评估体系模型构建做铺垫。

第一，指标体系的内容安排。评估体系的指标分为一级指标、二级指标和三级指标三个层次。一级指标有 3 项，分别是"高素质创新型人才的培养教育理念、条件与管理""高素质创新型人才的培养活动""高素质创新型人才的培养效果"；二级指标有 21 项；在"高素质创新型人才的培养效果"这一指标下设三级指标 27 项。

第二，评估指标体系权重的设计。评估指标体系的权重设计尝试采用在多指标、多层次决策中确定权重的新方法，即灰色聚类分析法。针对多层次、多目标的决策问题，通常采用运筹学决策分析法中的层次分析法和灰色系统理论中的灰色聚类分析法来对绩效进行评估，所以本评估指标权重的设计就采用灰色聚类分析法。评估课题组有针对性地选择了不同特色的四个学院，将其四个年级全部学生作为测评对象进行试点评估。评估体系满分为1 000分，考评结果为材料学院839分，17个A，19个B，5个C，1个D；交通学院763分，11个A，19个B，10个C，2个D；自动化学院745分，13个A，16个B，9个C，4个D；航运学院折合761分，9个A，18个B，7个C，4个D，4个项目没有测评（因学院没有毕业设计环节，其中100分未对其进行测评）。经过数据分析，证实课题提出的评估方案是合理的，并且有较高的可行性及可操作性。数据分析结果在一定程度上反映出了四个不同特色的理工科学院高素质创新人才培养质量的现状，同时也基本符合四个学院的实际情况。从培养结果来看，这些高素质创新人才符合理工科高校培养的目标要求。从长远来看，这对同类高校以及相关学科领域的人才培养质量评估工作具有重要的导向和借鉴意义。

为培养高素质创新人才，增强大学生的创新意识，提高大学生的实践能力和创新能力，鼓励大学生积极参加课外科技创新活动，高校可以制定符合学校实际情况的相关评审实施办法。同时各个学院、各个专业可以根据自己的专业特色来制订相关的创新能力培养实施方案，真正做到"因材施教"。事实证明，建立完善的评估体系，既可以明确创新教育的方向和路径，又可以及时对教育效果进行评估，对教育方案进行修正，从而大大提高创新教育的科学性，增强创新教育的实效性。

5 从定性到定量：创新力开发的评估体系设计

大学生创新力开发是一项复杂的系统工程，无论是构建开发模式，还是施以各项教育培养行为和举措，无论是对开发过程的监控，还是对开发效果的评价，都需要科学的评估体系作为基本支撑，进行精准的定量分析，保持动态的全程监控。基于此初衷，我们以首都经济贸易大学实施的大学生发展辅导教育的实际案例为数据采集样本，构建了相关的定量评价模型，以大学生创新培养体系为核心设计了整个评估系统，并采用层次分析法、模糊综合评价法进行指标评价，探索出了更为客观、科学的开发方法，利用支持向量机对近 20 所大学的创新教育进行测定与预测，力图为评估大学教育与大学生创新素质确立一套切实可行、操作科学的数据分析方法，使评价更加公正，使开发路径和措施更加科学和有效。

5.1 层次分析法

5.1.1 层次分析法理论

层次分析法（Analytic Hierarchy Process，AHP）是美国著名运筹学家、匹兹堡大学教授萨蒂（Satty）在 20 世纪 70 年代初提出来的。该研究方法将复杂、模糊的问题分解成若干因素，将各因素按支配关系形成层次结构，并对相关因素进行逐层比较，通过对比较结果进行检验，确定各因素的合理权重。它是处理多目标、多准则、多因素、多层次复杂问题，进行决策分析、综合评价的一种简单、实用而有效的方法，是一种定性分析与定量分析相结合的系统分析方法。采用该方法，可以在对复杂决策问题的影响因素进行深入分析后，构建一个层次模型，把决策的思维过程数学化，从而为求解多目标、多准则或无结构特性的复杂问题提供一种思路。层次分析法一般包括构造层次模型、建立判断矩阵、计算权重向量、一致性检验等几个步骤。

层次分析法的优点有：①将处理问题的对象视为系统，按照分解、比较、判断、综合的思维方式进行决策，成为继机理分析、统计分析之后发展起来的系统分析工具。②将定性分析与定量分析相结合，能够处理许多用通常的最优化技术无法解决的实际问题，因为通常的最优化方法只能用于定量分析。③输入的信息主要是决策者的选择和判断。运用层次分析法决策的过程，充分反映了决策者对决策问题的认知能力。④使得决策者与决策分析者能够相互沟通，决策者甚至可以直接应用它，这就增加了决策的有效性。⑤分析时所需要的定量数据不多，但对问题的本质、问题所涉及的因素及其内在关系分析得比较透彻、清楚。⑥思路简单明了，它将决策者的思维过程系统化、数学化、模型化，便于计算，容易被人接受，具有中等文化程度的人即可以了解层次分析法的基本原理并掌握该方法的基本步骤。⑦适用于多准则、多目标的复杂问题的决策分析，可用于地区经济发展方案比较、科学技术成果评比、资源规划和分析以及企业人员素质测评等，应用范围非常广泛。

层次分析法的具体步骤如下：

第一，构建递阶层次结构。递阶层次结构是指在一个具有 h 层结构的系统中，其第一层只有一个元素，各层次元素仅属于某一层次，且结构中的每一个元素至少与该元素的上层或下层某一个元素有某种支配关系，而属于同一层的各个元素间以及不相邻两层元素间不存在直接的关系。

在任何一个综合指标体系中，由于所设置指标承载信息的类型不同，各指标子系统以及具体指标项在描述某一社会现象或社会状况过程中所起的作用也不同。因此，综合指标值并不等于各分指标的简单相加，而是一种加权求和的关系，即

$$S = \sum_{i=1}^{n} w_i f_i(l_i) \tag{5.1}$$

式中：S 为综合指标值；$f_i(l_i)$ 为指标 l_i 的某种度量（指标测量值）；w_i 为各指标权重值，满足

$$\sum_{i=1}^{n} w_i = 1 \qquad (0 \leqslant w_i \leqslant 1) \tag{5.2}$$

第二，构造判断矩阵。对每一层次的要素以上一层次的要素为准则进行两两比较，构造判断矩阵（见表 5-1），在此基础上进行相对重要度的计算。

表 5-1　判断矩阵

c	c_1	c_2	$\cdots$	c_j	$\cdots$	c_n
a_1	a_{11}	a_{12}	$\cdots$	a_{1j}	$\cdots$	a_{1n}
$\vdots$	$\vdots$	$\vdots$		$\vdots$		$\vdots$
a_i	a_{i1}	a_{i2}	$\cdots$	a_{ij}	$\cdots$	a_{in}
$\vdots$	$\vdots$	$\vdots$		$\vdots$		$\vdots$
a_n	a_{n1}	a_{n2}	$\cdots$	a_{nj}	$\cdots$	a_{nn}

判断矩阵 A 为：

$$A = \left[a_{ij} \right]_{n \times n} \qquad \left[a_{ij} > 0, \ a_{nn} = 1 \ (i, j = 1, 2, \cdots, n) \right]$$

第三，基于层次分析法的评级指标权重的确定。根据影响评价对象的主要因素，建立系统的递阶层次结构以后，需要运用层次分析法确定各评级指标的权重。

以上一层次某因素为准——它对下一层次诸因素有支配关系，两两比较下一层次诸因素对它的相对重要性，并赋予一定分值，一般采用萨蒂提出的 1~9 标度法，如表 5-2 所示。

表 5-2　萨蒂提出的 1~9 标度法

标　度	含　义
1	表示两个元素相比，具有同样重要性
3	表示两个元素相比，前者比后者稍微重要
5	表示两个元素相比，前者比后者明显重要
7	表示两个元素相比，前者比后者强烈重要
9	表示两个元素相比，前者比后者极端重要
2, 4, 6, 8	表示上述相邻判断的中间值
上述值的倒数	若元素 i 与元素 j 的重要性之比为 a_{ij}，那么上述值的倒数元素 j 与元素 i 重要性之比为 $a_{ji} = 1/a_{ij}$

评级指标权重系数确定方法如下：

$$AW = \lambda MAX W$$

式中：λMAX 为矩阵 A 的最大特征值。

特征向量 W 应满足的计算权重系数方法为按行元素求几何平均值：

$$W' = (\Pi_{a_{ij}})^{\frac{1}{n}}$$

变形即得权重系数：

$$W_i = \frac{W_i'}{\sum W_i'} \tag{5.3}$$

第四，一致性检验。由于判断矩阵是人为赋予的，故需进行一致性检验，即评价矩阵的可靠性。判断矩阵的一致性检验的步骤如下：

萨蒂在层次分析法中引用判断矩阵最大特征根以外其余特征根的负平均值，作为两两比较判断偏离一致性程度的指标 CI（Consistency Index）：

$$CI = \frac{\lambda_{MAX} - n}{n - 1} \tag{5.4}$$

判断矩阵一致性程度越高，CI 值越小。当 $CI = 0$ 时，判断矩阵达到完全一致。

为了得到一个对不同阶数判断矩阵均适用的一致性检验临界值，就必须消除矩阵阶数的影响。为了度量不同阶判断矩阵是否具有满意的一致性，还需要引入判断矩阵的平均随机一致性指标 RI 值，用与阶数无关的平均随机一致性指标 RI 来修正 CI 值，用一致性比例 $CR = CI/RI$ 代替一致性偏离程度指标 CI，作为判断矩阵一致性的检验标准。RI 的一致性的检验标准见表 5-3。

表 5-3　RI 的一致性的检验标准

阶数	1	2	3	4	5	6	7	8	9	10
RI	0.00	0.00	0.58	0.90	1.12	1.24	1.32	1.41	1.45	1.49

在通常情况下，对于 $n \geq 3$ 阶的判断矩阵，当 $CR \leq 0.1$ 时，就认为判断矩阵具有可接受的一致性。相反，当 $CR > 0.1$ 时，说明判断矩阵偏离一致性程度过大，必须对判断矩阵进行必要的调整，使之具有满意的一致性为止。

第五，层次单排序。层次单排序可归结为计算判断矩阵的特征向量问题。

第六，层次总排序。计算同一层次所有因素对于最高层（总目标）相对重要性排序权值，称为层次总排序。

5.1.2　基于层次分析法的综合素质和创新能力测评

递阶层次结构依据的是大学生综合素质和创新能力动态评价体系，见附录一。按照萨蒂的1~9标度法对各层指标进行同属度下合理对比，请专家打分，并进行一致性检验。各指标层的归一化权重值如下：

第一，学习表现。学习表现包括全勤（依据各班考勤记录，不含学校相关部门事假）；课堂笔记工整、清晰，可作为学习资料依据（学习记录、班主任书面证明）保存；成立宿舍或班级学习小组，有定期学习记录；经考察合格，发展为预备党员并作院（系）党总支党员发展会记录。具体比值见表5-4。

表5-4　学习表现的相对比值及权重矩阵

A_1	B_1	B_2	B_3	B_4	W_1
B_1	1.000 0	2.000 0	4.000 0	2.000 0	0.431 7
B_2	0.500 0	1.000 0	3.000 0	3.000 0	0.314 4
B_3	0.250 0	0.333 3	1.000 0	2.000 0	0.137 9
B_4	0.500 0	0.333 3	0.500 0	1.000 0	0.116 0

第二，宿舍表现。宿舍卫生每学期85分以上天数大于90%，且未达到85分天数最低分不得低于80分。宿舍管理员提供宿舍卫生检查分数以及年度优秀宿舍、星级宿舍、免检宿舍评比情况。具体比值见表5-5。

表5-5　宿舍表现的相对比值及权重矩阵

A_2	B_5	B_6	W_2
B_5	1.000 0	2.000 0	0.666 7
B_6	0.500 0	1.000 0	0.333 3

第三，校园文体活动。校园文体活动包含的指标有：国家级及以上大学生文体活动（非比赛类）；省市级大学生文体活动（非比赛类）；区县级大学生文体活动（非比赛类）；国家级文化体育比赛一等奖；国家级文化体育比赛二等奖；国家级文化体育比赛三等奖；国家级比赛各单项奖；参加国家级比赛但未获奖；省市级文化体育比赛一等奖；省市级文化体育比赛二等奖；省市级文化体育比赛三等奖；省市级比赛各单项奖；参加省市级比赛但未获奖；区县级文化体育比赛一等奖；区县级文化体育比赛二等奖；区县级文化体育比赛三等奖；区县级比赛各单项奖；参加区县级比赛但未获奖；学校各类文化体育比赛一等奖（不含校运动会）；学校各类文

化体育比赛二等奖（不含校运动会）；学校各类文化体育比赛三等奖（不含校运动会）；学校各类文化体育比赛各类单项奖（不含校运动会）；参加学校组织的各类文化体育活动或比赛；校运动会前三名；校运动会第四至第六名；校运动会第七、第八名；进入校运动会预赛但未获名次；院（系）啦啦队坚持全场且表现良好；代表学校参与重要体育文化交流活动；在学校重大文化体育中表现突出；对所参与各类文化体育活动及比赛能够积极提出合理化建议，积极协助组织者完成工作，非学生干部担任重要工作并圆满完成，在各类比赛中有体现顽强拼搏、友谊竞赛、团结互助的行为，或有其他贡献突出行为；参与院（系）文化体育活动或比赛获奖；参与院（系）文化体育比赛且正在比赛中；积极参加班级主题班会、主题团会、主题党日活动；参与成长课堂与职点课堂，每场记录。

校园文体活动分值判断矩阵见附录二，权重值如表 5-6 所示。

表 5-6　校园文体活动权重矩阵

B_7	B_8	B_9	B_{10}	B_{11}	B_{12}	B_{13}	B_{14}
0.648	0.452	0.186	0.295	0.343	0.087	0.179	0.525
B_{15}	B_{16}	B_{17}	B_{18}	B_{19}	B_{20}	B_{21}	B_{22}
0.375	0.140	0.199	0.262	0.274	0.396	0.276	0.333
B_{23}	B_{24}	B_{25}	B_{26}	B_{27}	B_{28}	B_{29}	B_{30}
0.280	0.927	0.448	0.687	0.064	1.203	0.024	0.224
B_{31}	B_{32}	B_{33}	B_{34}	B_{35}	B_{36}	B_{37}	B_{38}
0.273	0.275	0.091	0.151	0.160	0.390	0.098	0.154

第四，社会实践公益行动。社会实践公益行动主要有 5 项指标：参加学校、院（系）组织的社会实践实习、考察调研、公益服务；自发参加校外各种形式的社会实践；自发参加校外公益活动，且每学期不低于 15 小时；在各项社会实践、公益活动中表现突出或获得表彰，社会实践形成重要调研报告、调研成果且被有关单位采纳；参加学校组织的献血或校外无偿献血。具体比值见表 5-7。

表 5-7　社会实践公益行动相对比值及权重矩阵

A_4	B_{41}	B_{42}	B_{43}	B_{44}	B_{45}	B_{46}	W_4
B_{41}	1.000	1.000	2.000	1.500	1.500	1.000	0.224 2

A_4	B_{41}	B_{42}	B_{43}	B_{44}	B_{45}	B_{46}	W_4
B_{42}	1.000	1.000	2.000	1.500	1.500	1.000	0.272 9
B_{43}	0.500	0.500	1.000	0.750	0.750	0.500	0.274 9
B_{44}	0.667	0.667	1.333	1.000	1.000	0.667	0.090 5
B_{45}	0.667	0.667	1.333	1.000	1.000	0.667	0.151 4
B_{46}	1.000	1.000	2.000	1.500	1.500	1.000	0.160 4

第五，学生干部。考核学生干部的指标主要有：校学生干部考核优秀；校学生干部考核良好；校学生干部考核合格；院（系）学生干部考核优秀；院（系）学生干部考核良好；院（系）学生干部考核合格；班级学生干部考核优秀；班级学生干部考核良好；班级学生干部考核合格；优秀社团主要学生干部；国家级优秀学生干部、优秀团干部、三好学生、优秀团员；市级优秀学生干部、优秀团干部、三好学生、优秀团员；校级优秀学生干部、优秀团干部、三好学生、优秀团员；获评国家、市级、校级优秀班集体、优秀团支部（集体每人）；最佳新生班集体（集体每人）。具体比值见表 5-8 和表 5-9。

表 5-8　学生干部指标考核的相对比值矩阵

A_5	B_{47}	B_{48}	B_{49}	B_{50}	B_{51}	B_{52}	B_{53}	B_{54}	B_{55}	B_{56}	B_{57}
B_{47}	1.000	0.800 0	0.600 0	0.800 0	0.600 0	0.400 0	0.600 0	0.400 0	0.200 0	0.800 0	1.200 0
B_{48}	1.250	1.000 0	0.750 0	1.000 0	0.750 0	0.500 0	0.750 0	0.500 0	0.250 0	1.000 0	1.500 0
B_{49}	1.667	1.333 3	1.000 0	1.333 3	1.000 0	0.666 7	1.000 0	0.666 7	0.333 3	1.333 3	2.000 0
B_{50}	1.250	1.000 0	0.750 0	1.000 0	0.750 0	0.500 0	0.750 0	0.500 0	0.250 0	1.000 0	1.500 0
B_{51}	1.667	1.333 3	1.000 0	1.333 3	1.000 0	0.666 7	1.000 0	0.666 7	0.333 3	1.333 3	2.000 0
B_{52}	2.500	2.000 0	1.500 0	2.000 0	1.500 0	1.000 0	1.500 0	1.000 0	0.500 0	2.000 0	3.000 0
B_{53}	1.667	1.333 3	1.000 0	1.333 3	1.000 0	0.666 7	1.000 0	0.666 7	0.333 3	1.333 3	2.000 0
B_{54}	2.500	2.000 0	1.500 0	2.000 0	1.500 0	1.000 0	1.500 0	1.000 0	0.500 0	2.000 0	3.000 0
B_{55}	5.000	4.000 0	3.000 0	4.000 0	3.000 0	2.000 0	3.000 0	2.000 0	1.000 0	4.000 0	6.000 0
B_{56}	1.250	1.000 0	0.750 0	1.000 0	0.750 0	0.500 0	0.750 0	0.500 0	0.250 0	1.000 0	1.500 0
B_{57}	0.833	0.666 7	0.500 0	0.666 7	0.500 0	0.333 3	0.500 0	0.333 3	0.166 7	0.666 7	1.000 0

表 5-9　学生干部指标考核的权重矩阵

指标	B_{47}	B_{48}	B_{49}	B_{50}	B_{51}	B_{52}	B_{53}	B_{54}	B_{55}	B_{56}	B_{57}	B_{58}
W_5	0.147 2	0.099 2	0.097 9	0.179 9	0.202 7	0.005 8	0.131 2	0.009 8	0.772 2	0.111 4	0.362 5	0.300 6

第六，学术活动及科研成果。评价学术活动及科研成果的指标主要有：国家级比赛一等奖；国家级比赛二等奖；国家级比赛三等奖；国家级比赛各单项奖；参与国家级比赛但未获奖；省市级比赛一等奖；省市级比赛二等奖；省市级比赛三等奖；省市级比赛各单项奖；参与省市级比赛但未获奖；国家级专利认证机构认证专利；省市级专利认证机构认证专利；参与学校大学生科研与创新训练计划；参与大学生科研与创新训练计划并获"大学生科研创新奖"；每学期参加学校组织的学术讲座，每场记录；参加学校、院（系）组织的课题研究（非大学生科研与创新训练计划项目）；参加各种课题研究并形成具有重要理论或实践意义的研究成果，对某一问题/某一专业领域有深入研究并形成具有实践意义的案例分析，在学习或研究过程中有小创新、小发明，制订附可行性意见的商业计划书。

发表文章的考核指标较少，主要包括：在核心期刊上发表文章；在有正式刊号（非核心期刊）的报纸杂志上发表文章；主动给学校各部门投稿；主动给院（系）刊物投稿。

学术活动与科研成果相对比值矩阵见表 5-10 和表 5-11。

表 5-10　学术活动与科研成果相对比值矩阵（一）

A_6	B_{62}	B_{63}	B_{64}	B_{65}	B_{66}	B_{67}	B_{68}	B_{69}	B_{70}	B_{71}	B_{72}
B_{62}	1.500	1.250	1.000	1.000	0.750	1.250	1.000	0.750	0.750	0.500	1.000
B_{63}	1.500	1.250	1.000	1.000	0.750	1.250	1.000	0.750	0.750	0.500	1.000
B_{64}	2.000	1.667	1.333	1.333	1.000	1.667	1.333	1.000	1.000	0.667	1.333
B_{65}	1.200	1.000	0.800	0.800	0.600	1.000	0.800	0.600	0.600	0.400	0.800
B_{66}	1.500	1.250	1.000	1.000	0.750	1.250	1.000	0.750	0.750	0.500	1.000
B_{67}	2.000	1.667	1.333	1.333	1.000	1.667	1.333	1.000	1.000	0.667	1.333
B_{68}	2.000	1.667	1.333	1.333	1.000	1.667	1.333	1.000	1.000	0.667	1.333
B_{69}	3.000	2.500	2.000	2.000	1.500	2.500	2.000	1.500	1.500	1.000	2.000
B_{70}	1.500	1.250	1.000	1.000	0.750	1.250	1.000	0.750	0.750	0.500	1.000
B_{71}	3.000	2.500	2.000	2.000	1.500	2.500	2.000	1.500	1.500	1.000	2.000

A_6	B_{62}	B_{63}	B_{64}	B_{65}	B_{66}	B_{67}	B_{68}	B_{69}	B_{70}	B_{71}	B_{72}
B_{72}	3.000	2.500	2.000	2.000	1.500	2.500	2.000	1.500	1.500	1.000	2.000
B_{73}	1.500	1.250	1.000	1.000	0.750	1.250	1.000	0.750	0.750	0.500	1.000
B_{74}	6.000	5.000	4.000	4.000	3.000	5.000	4.000	3.000	3.000	2.000	4.000
B_{75}	1.500	1.250	1.000	1.000	0.750	1.250	1.000	0.750	0.750	0.500	1.000
B_{76}	2.000	1.667	1.333	1.333	1.000	1.667	1.333	1.000	1.000	0.667	1.333
B_{77}	2.000	1.667	1.333	1.333	1.000	1.667	1.333	1.000	1.000	0.667	1.333
B_{78}	1.200	1.000	0.800	0.800	0.600	1.000	0.800	0.600	0.600	0.400	0.800
B_{79}	1.500	1.250	1.000	1.000	0.750	1.250	1.000	0.750	0.750	0.500	1.000
B_{80}	2.000	1.667	1.333	1.333	1.000	1.667	1.333	1.000	1.000	0.667	1.333
B_{81}	2.000	1.667	1.333	1.333	1.000	1.667	1.333	1.000	1.000	0.667	1.333
B_{82}	1.500	1.250	1.000	1.000	0.750	1.250	1.000	0.750	0.750	0.500	1.000
B_{83}	1.500	1.250	1.000	1.000	0.750	1.250	1.000	0.750	0.750	0.500	1.000

表 5-11　学术活动与科研成果相对比值矩阵（二）

A_6	B_{73}	B_{74}	B_{75}	B_{76}	B_{77}	B_{78}	B_{79}	B_{80}	B_{81}	B_{82}	B_{83}
B_{62}	0.333	0.333	0.667	0.167	0.667	0.500	0.500	0.833	0.667	0.500	0.500
B_{63}	0.400	0.400	0.800	0.200	0.800	0.600	0.600	1.000	0.800	0.600	0.600
B_{64}	0.500	0.500	1.000	0.250	1.000	0.750	0.750	1.250	1.000	0.750	0.750
B_{65}	0.500	0.500	1.000	0.250	1.000	0.750	0.750	1.250	1.000	0.750	0.750
B_{66}	0.667	0.667	1.333	0.333	1.333	1.000	1.000	1.667	1.333	1.000	1.000
B_{67}	0.400	0.400	0.800	0.200	0.800	0.600	0.600	1.000	0.800	0.600	0.600
B_{68}	0.500	0.500	1.000	0.250	1.000	0.750	0.750	1.250	1.000	0.750	0.750
B_{69}	0.667	0.667	1.333	0.333	1.333	1.000	1.000	1.667	1.333	1.000	1.000
B_{70}	0.667	0.667	1.333	0.333	1.333	1.000	1.000	1.667	1.333	1.000	1.000
B_{71}	1.000	1.000	2.000	0.500	2.000	1.500	1.500	2.500	2.000	1.500	1.500
B_{72}	0.500	0.500	1.000	0.250	1.000	0.750	0.750	1.250	1.000	0.750	0.750
B_{73}	1.000	1.000	2.000	0.500	2.000	1.500	1.500	2.500	2.000	1.500	1.500
B_{74}	1.000	1.000	2.000	0.500	2.000	1.500	1.500	2.500	2.000	1.500	1.500
B_{75}	0.500	0.500	1.000	0.250	1.000	0.750	0.750	1.250	1.000	0.750	0.750

续表

A_6	B_{73}	B_{74}	B_{75}	B_{76}	B_{77}	B_{78}	B_{79}	B_{80}	B_{81}	B_{82}	B_{83}
B_{76}	2.000	2.000	4.000	1.000	4.000	3.000	3.000	5.000	4.000	3.000	3.000
B_{77}	0.500	0.500	1.000	0.250	1.000	0.750	0.750	1.250	1.000	0.750	0.750
B_{78}	0.667	0.667	1.333	0.333	1.333	1.000	1.000	1.667	1.333	1.000	1.000
B_{79}	0.667	0.667	1.333	0.333	1.333	1.000	1.000	1.667	1.333	1.000	1.000
B_{80}	0.400	0.400	0.800	0.200	0.800	0.600	0.600	1.000	0.800	0.600	0.600
B_{81}	0.500	0.500	1.000	0.250	1.000	0.750	0.750	1.250	1.000	0.750	0.750
B_{82}	0.667	0.667	1.333	0.333	1.333	1.000	1.000	1.667	1.333	1.000	1.000
B_{83}	0.667	0.667	1.333	0.333	1.333	1.000	1.000	1.667	1.333	1.000	1.000

学术活动与科研成果权重值见表5-12。

表5-12　学术活动与科研成果权重矩阵

指标	B_{62}	B_{63}	B_{64}	B_{65}	B_{66}	B_{67}	B_{68}	B_{69}	B_{70}	B_{71}	B_{72}
W_6	0.010	0.772	0.111	0.363	0.010	0.301	0.096	0.041	0.324	0.175	0.322
指标	B_{73}	B_{74}	B_{75}	B_{76}	B_{77}	B_{78}	B_{79}	B_{80}	B_{81}	B_{82}	B_{83}
W_6	0.096	0.041	0.324	0.175	0.122	0.127	0.064	0.195	0.333	0.096	0.042

第七，外语水平。衡量外语水平的指标主要有：二年级英语四级考试首次成绩达到优秀；二年级英语六级考试首次成绩达到优秀；三年级、四年级英语四级考试首次成绩达到优秀；三年级、四年级英语六级考试首次成绩达到优秀；英语类专业学生通过第二外语资格认证考试；通过其他类英语等级考试；用外语发表文章；第一外语非英语学生通过本类语言各种资格考试；第一外语非英语学生通过各类英语等级考试。具体比值见表5-13。

表5-13　外语水平相对比值矩阵

A_7	B_{84}	B_{85}	B_{86}	B_{87}	B_{88}	B_{89}	B_{90}	B_{91}	B_{92}
B_{84}	1.000	1.000	0.500	0.500	1.500	1.000	1.500	0.500	1.500
B_{85}	1.000	1.000	0.500	0.500	1.500	1.000	1.500	0.500	1.500
B_{86}	2.000	2.000	1.000	1.000	3.000	2.000	3.000	1.000	3.000
B_{87}	2.000	2.000	1.000	1.000	3.000	2.000	3.000	1.000	3.000
B_{88}	0.667	0.667	0.333	0.333	1.000	0.667	1.000	0.333	1.000

A_7	B_{84}	B_{85}	B_{86}	B_{87}	B_{88}	B_{89}	B_{90}	B_{91}	B_{92}
B_{89}	1.000	1.000	0.500	0.500	1.500	1.000	1.500	0.500	1.500
B_{90}	0.667	0.667	0.333	0.333	1.000	0.667	1.000	0.333	1.000
B_{91}	2.000	2.000	1.000	1.000	3.000	2.000	3.000	1.000	3.000
B_{92}	0.667	0.667	0.333	0.333	1.000	0.667	1.000	0.333	1.000

外语水平指标权重值见表 5-14。

表 5-14　外语水平指标权重矩阵

指标	B_{84}	B_{85}	B_{86}	B_{87}	B_{88}	B_{89}	B_{90}	B_{91}	B_{92}
W_7	0.163	0.208	0.329	0.206	0.043	0.487	0.035	0.267	0.276

第八，其他技能。其他技能指标包括：通过各类计算机等级考试；专业软件使用熟练，并能为他人指导，为班级、院（系）、学校有关工作服务；获得各种资格认证（驾照、会计资格、人力资源资格、报关员、律师资格、导游证、统计资格、CPA、ACCA、CFA、CIA 等）；某一方面技能突出，在参与学校建设、履行社会责任、践行公民权益等方面有突出表现及事迹；非经学校组织，自发参与校外文体活动，学生个人/团体有良好表现，为学校争得荣誉；其他可由院（系）认定的加分项。具体比值见表 5-15。

表 5-15　其他技能相对比值矩阵

A_8	B_{93}	B_{94}	B_{95}	B_{96}	B_{97}	B_{98}	B_{99}
B_{93}	1.000	1.500	1.000	1.500	1.500	1.500	2.000
B_{94}	0.667	1.000	0.667	1.000	1.000	1.000	1.333
B_{95}	1.000	1.500	1.000	1.500	1.500	1.500	2.000
B_{96}	0.667	1.000	0.667	1.000	1.000	1.000	1.333
B_{97}	0.667	1.000	0.667	1.000	1.000	1.000	1.333
B_{98}	0.667	1.000	0.667	1.000	1.000	1.000	1.333
B_{99}	0.500	0.750	0.500	0.750	0.750	0.750	1.000

其他技能指标权重值见表 5-16。

表 5-16 其他技能指标权重矩阵

指标	B_{93}	B_{94}	B_{95}	B_{96}	B_{97}	B_{98}	B_{99}
W_8	0.163	0.208	0.329	0.406	0.043	0.687	0.035

（9）总指标的权重。六项二级指标对总指标的权重值见表5-17。

表 5-17 总指标权重矩阵

指标	A_1	A_2	A_3	A_4	A_5	A_6	A_7	A_8
W_i	0.241 9	0.065 2	0.213 7	0.113 2	0.088 4	0.157 4	0.029 1	0.091 0
排序	1	7	2	4	6	3	8	5

经检验，判断矩阵都满足一致性要求，求得的权重也有效。

运用层次分析法分析得知，总指标中的学习表现、校园文体活动、学术活动及科研成果在大学生综合素质与创新能力培养中所占的比重较大，而外语学习对大学生的创新能力培养起的作用并不是非常大。担任学生干部与参与社会实践公益行动有助于大学生创新能力的培养；宿舍生活能力是大学生的一个基本生活能力，也是综合素质不可小觑的重要组成部分；其他如通过各类计算机等级考试、专业软件使用熟练、获得各种资格认证、某一方面技能突出等也是大学生创新能力的具体体现，能拥有这些能力，说明大学生进行创新的潜力比较大。

5.2 模糊综合评价法

5.2.1 模糊综合评价法的基本理论

模糊综合评价法也称为模糊综合评判法，是利用模糊数学方法对具有随机性评价矩阵的多目标问题进行综合评价的一种方法。

人们对指标的认识和评价受到很多因素的制约，评分结果具有模糊性。因此，某些问题可以采用模糊数学方法进行综合评价。

模糊综合评价法的特点有：①可以相互比较。以最优的评价因素为基准，其评价值为1；其余欠优的评价因素依据欠优的程度得到相应的评价值。②可以依据各类评价因素的特征，确定评价值与评价因素之间的函数关系（隶属度函数）。确定这种函数关系的方法有很多，如F统计方法，各种类型的 F 分布等。当然，也可以请有经验的评标专家进行评价，直接给出评价值。③在招标文件的编制中，应依据项目的具体情况，有重点地选择评价因素，科学地确定评价值与评价因素之间的函数关系以及合理地确定评价因素的权重。

运用模糊综合评价法的理论依据是模糊变量原理和最大隶属度原理。运用模糊变量原理是因为大学生综合素质和创新能力各级指标中存在大量的可变模糊数据。运用最大隶属度原理是因为知识管理能力的第二层数据隶属于第一层，是不十分确定的，很多都存在交叉，隶属关系很复杂。因此，考虑与被评估事物相关的各个因素，以及对其所做的综合评估，在评估事物时可将评估结果分成一定的等级。

可以运用一级综合评价模型和多级综合评价模型两类模型进行模糊综合评价。

5.2.1.1　一级综合评价模型

建立一级综合评价模型的步骤如下：

第一，建立因素集。建立由影响评价对象的各种因素组成的一个普通集合。这些因素通常都具有不同程度的模糊性，但也可以是非模糊的。

第二，建立评价集。建立由评价者对评价对象可能做出的各种总的评价结果所组成的集合。

第三，建立权重集。为了反映各因素的重要程度，建立由各权重数所组成的集合。

第四，进行单因素模糊评价。单独从一个因素出发进行评价，以确定评价对象对评价集元素的隶属度。

第五，模糊综合评价。综合考虑所有因素对评价对象的影响。

5.2.1.2　多级综合评价模型

多级综合评价的过程大致如下：

评判者对影响事物功能的因素集 $U = \{u_1, u_2, \cdots, u_n\}$ 的评判往往是模糊的，因素是指评判对象的各种属性或性能，在某些场合也称为参数指标。它由 m 种评判构成模糊评价集 $V = \{v_1, v_2, \cdots, v_m\}$，评价集也叫评判集，或决断集、判断集，就是对评价对象所做的评语的集合。其综合评判是 V 上的一个模糊子集：

$$B = (b_1, b_2, \cdots, b_n) \in \prod(V) \tag{5.5}$$

式中，b_k 为 v_k 对 B 的隶属度，即

$$UB(v_k) = b_k \quad (k=1, 2, \cdots, m)$$

权重集的元素 w_i 应满足归一性和非负性：

$$\sum_{i=1}^{m} w_i = 1 \qquad [w_i \geq 0 \quad (i = 1, 2, \cdots, m)]$$

由此则可确定一个综合评判 B。

先用一个因素进行评判，以确定评判对象对各种评判结果即评价集元素的隶属程度。例如，对因素集中第 i 个因素 U_i 进行评判，评判结果对评价集中第 j 个元素 V_j 的隶属程度为 r_{ij}，则：

$$R_i = (r_{i1}, r_{i2}, \cdots, r_{in})$$

R_i 就称为单因素评判集。R_i 是 V 上的一个模糊子集，可以表示为：

$$R_i = (r_{i1}, r_{i2}, \cdots, r_{in}) \qquad (i = 1, 2, \cdots, m)$$

以全部因素评判集为行组成的单因素评判矩阵为：

$$R = \begin{bmatrix} r_{11} & r_{12} & \cdots & r_{1n} \\ r_{21} & r_{22} & \cdots & r_{2n} \\ \vdots & \vdots & & \vdots \\ r_{m1} & r_{m2} & \cdots & r_{mn} \end{bmatrix} \tag{5.6}$$

因为单因素评判集 R_i 是因素集 U 和评判集 V 之间的一种模糊关系，故单因素评判矩阵 R 就是从 U 到 V 的模糊关系矩阵。

要想做出综合评判，就有评判向量：

$$B = (a_1, a_2, \cdots, a_m) \times \begin{bmatrix} r_{11} & r_{12} & \cdots & r_{1n} \\ r_{21} & r_{22} & \cdots & r_{2n} \\ \vdots & \vdots & & \vdots \\ r_{m1} & r_{m2} & \cdots & r_{mn} \end{bmatrix} = (b_1, b_2, \cdots, b_n) \tag{5.7}$$

那么，把建立的权重集 A 和单因素评判矩阵 R 的值代入模糊综合评判矩阵式就有：

$$B = A \cdot R = (b_1, b_2, \cdots, b_n) \tag{5.8}$$

式中，$A = (a_1, a_2, \cdots, a_n)$。

当 $\sum_{j=1}^{m} b_j' = 1$ 时，将值做归一化处理。

5.2.2　基于模糊综合评价法的综合素质和创新能力测评

本书将运用对首都经济贸易大学本科生综合素质和创新能力动态评价体系简表数据进行实证的方法，详细介绍模糊综合评价法。下面以一个学生的实证过程为蓝本来评估所有学生的创新能力，见表5-18。

表5-18 首都经济贸易大学本科生综合素质和创新能力动态评价体系简表

一级指标	权重	二级指标		权重	备注
智育素质 A_1	0.60	学生每学年所有课程的平均分（含任意选修课）			
综合评价 A_2	0.15	政治素养 B_2		0.10	1. 每学年评定一次 2. 本科阶段成绩为4年的平均分
		道德品行 B_3		0.20	
		行为规范 B_4		0.20	
		治学表现 B_5		0.20	
		实践创新 B_6		0.20	
		身心健康 B_7		0.10	
实践创新能力 A_3	0.25	实践活动 B_8		0.60	创造发明不占权重，单独加分，并带入毕业总分
		学术活动 B_9		0.20	
		技能水平 B_{10}		0.20	
		创造发明 A_7		直接加总分	
其他 A_6					
鼓励加分（直接加在总分上）A_4	在校期间表现突出，在社会上具有较大影响力		此项最高分为10分		1. 每学年认定一次，由学生提出申请，经院（系）核实并签署意见上报学生处，学生处负责会同有关人员组织认定并确定加分值 2. 加分权限在学生处
	获得国家级荣誉称号				
处分减分（直接在总分上减）A_5	警告		−3		1. 每学年记录，直接减去总成绩 2. 减分权限在学生处
	严重警告		−5		
	记过		−8		
	留校察看		−10		

表5-18中除了鼓励加分与处分减分是在总分中直接进行外，智育素质、综合评价、实践创新能力以指标因素集的形式构成矩阵。

采用专家评审的方法得到一个学生的创新评价集，见表5-19。

表5-19　学生创新评价集

<table>
<tr><td rowspan="11">大学生创新能力培养评价集</td><td>评价因素层</td><td>评价因子层</td><td>权重</td><td>优秀</td><td>良好</td><td>一般</td><td>差</td></tr>
<tr><td>智育素质 A_1
（0.60）</td><td>智育素质 B_1</td><td>1</td><td>0.2</td><td>0.75</td><td>0.05</td><td>0</td></tr>
<tr><td rowspan="6">综合评价 A_2
（0.15）</td><td>政治素养 B_2</td><td>0.10</td><td>0.10</td><td>0.80</td><td>0.05</td><td>0.05</td></tr>
<tr><td>道德品行 B_3</td><td>0.20</td><td>0.05</td><td>0.80</td><td>0.15</td><td>0</td></tr>
<tr><td>行为规范 B_4</td><td>0.20</td><td>0.30</td><td>0.60</td><td>0.06</td><td>0.04</td></tr>
<tr><td>治学表现 B_5</td><td>0.20</td><td>0.60</td><td>0.80</td><td>0.07</td><td>0.07</td></tr>
<tr><td>实践创新 B_6</td><td>0.20</td><td>0.25</td><td>0.70</td><td>0.30</td><td>0.02</td></tr>
<tr><td>身心健康 B_7</td><td>0.10</td><td>0.04</td><td>0.50</td><td>0.20</td><td>0.26</td></tr>
<tr><td rowspan="3">实践创新能力 A_3
（0.25）</td><td>实践活动 B_8</td><td>0.60</td><td>0.10</td><td>0.80</td><td>0.03</td><td>0.07</td></tr>
<tr><td>学术活动 B_9</td><td>0.20</td><td>0.08</td><td>0.62</td><td>0.10</td><td>0.20</td></tr>
<tr><td>技能水平 B_{10}</td><td>0.20</td><td>0.15</td><td>0.60</td><td>0.30</td><td>0.05</td></tr>
</table>

则：

$$A_1 = [1] \times [0.20 \quad 0.75 \quad 0.05 \quad 0] = [0.20 \quad 0.75 \quad 0.05 \quad 0]$$

$$A_2 = [0.1 \quad 0.2 \quad 0.2 \quad 0.2 \quad 0.2 \quad 0.1] \times \begin{bmatrix} 0.10 & 0.80 & 0.05 & 0.05 \\ 0.05 & 0.80 & 0.15 & 0 \\ 0.30 & 0.60 & 0.06 & 0.04 \\ 0.60 & 0.80 & 0.07 & 0.07 \\ 0.25 & 0.70 & 0.30 & 0.02 \\ 0.04 & 0.50 & 0.20 & 0.26 \end{bmatrix}$$

$$= [0.254 \quad 0.710 \quad 0.141 \quad 0.057]$$

$$A_3 = [0.6 \quad 0.2 \quad 0.2] \times \begin{bmatrix} 0.10 & 0.80 & 0.03 & 0.07 \\ 0.08 & 0.62 & 0.10 & 0.20 \\ 0.15 & 0.60 & 0.30 & 0.05 \end{bmatrix}$$

$$= [0.106 \quad 0.724 \quad 0.098 \quad 0.092]$$

$$S = [0.60 \quad 0.15 \quad 0.25] \times \begin{bmatrix} 0.200 & 0.750 & 0.050 & 0 \\ 0.254 & 0.710 & 0.141 & 0.057 \\ 0.106 & 0.724 & 0.098 & 0.092 \end{bmatrix}$$

$$= [0.18460 \quad 0.73750 \quad 0.07565 \quad 0.03155]$$

通过上述对学生创新能力的综合评价可知，这个学生的创新能力处于优良程度。创新能力培养以智育素质培养为主，智育素质培养的途径是开设相关课程，学校课堂上的知识传授对培养学生智育素质起着相当重要的作用。采用模糊综合评价法可以对不同学生的创新能力进行合理评估。

5.2.3 支持向量机评价

5.2.3.1 支持向量机原理

支持向量机（Support Vector Machine，SVM）将向量映射到一个更高维的空间里，在这个空间里建有一个最大间隔超平面，在分开数据的超平面的两边建有两个互相平行的超平面。分隔超平面使两个平行超平面的距离最大化。假定平行超平面间的距离或差距越大，分类器的总误差越小。支持向量机是一种新的数据挖掘技术，在模型的复杂性和学习能力之间进行最佳折中，从而获得最好的泛论推广能力，能很好地克服过拟合、小样本、非线性、维数灾难和局部极小点等问题。

分类的过程是一个机器学习的过程。我们希望找到分类最佳的平面，即使得两个不同类的数据点间隔最大的那个面，该面亦称为最大间隔超平面。有很多个分类器（超平面）可以把数据分开，但是只有一个能够达到最大分割。如果我们能够找到这个面，那么这个分类器就称为最大间隔分类器。具体情形参见图5-1。

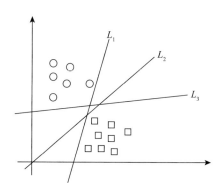

图5-1 支持向量机分类器示意图

注：L_1、L_2、L_3 是不同的分类器（超平面）。

在数集 (x_i, y_i) 中，$x_i \in R_p$，$y_i \in \{1, -1\}$，x、y 是超平面上的点，w 是垂直于超平面的向量。加入位移 b 的目的是增加间隔，如果没有 b 的话，超平面将不得不通过原点，从而限制了这个方法的灵活性。

由于我们要求最大间隔，因此我们需要知道支持向量以及与最佳超平面平行且离支持向量最近的超平面。这些平行超平面可以表示为方程组：

$$\left. \begin{array}{l} w \cdot x - b = -1 \\ w \cdot x - b = 1 \end{array} \right\} \tag{5.9}$$

由于 w 只是超平面的向量，长度未定，是一个变量，所以等式右边的 1 和 -1 只是为计算方便而取的常量，其他常量只要互为相反数即可。

如果这些训练数据是线性可分的，那就可以找到这样两个超平面，在它们之间没有任何样本点并且这两个超平面之间的距离也最大。通过几何运算得到这两个超平面之间的距离是 $2/|w|$。图 5-2 为支持向量机分类函数图。

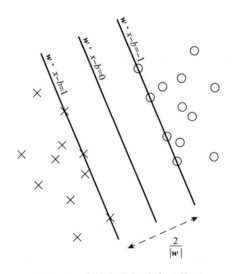

图 5-2　支持向量机分类函数图

5.2.3.2　基于支持向量机的评价

支持向量机建立在 VC 维（Vapnik-Chervonenkis Dimension）理论和结构风险最小化（Structural Risk Minimization，SRM）原理基础上，根据

有限样本信息在模型的学习精度和学习能力之间寻求最佳折中，以期获得更好的泛化能力。

支持向量机的主要优势如下：

第一，支持向量机实现了结构风险最小化原理，泛化性能强，它能最小化泛化误差的上界，而不是最小化训练误差。

第二，对特征空间划分的最优超平面是支持向量机的目标，最大化分类边际的思想是支持向量机的核心。

第三，支持向量机是一种有坚实理论基础的新颖的小样本学习方法。它基本上不涉及概率测度及大数定律等，因此不同于现有的统计方法。从本质上看，它避开了从归纳到演绎的传统过程，实现了高效地从训练样本到预报样本的"转导推理"，大大简化了通常的分类和回归等问题。

第四，支持向量机的最终决策函数只由少数的支持向量确定，支持向量机是小样本学习理论，可以在样本不多的情况下仍然保持总体误差较小。计算的复杂性取决于支持向量的数目，而不是样本空间的维数，这就避免了"维数灾难"。

第五，少数支持向量决定了最终结果，可以帮助我们抓住关键样本，"剔除"大量冗余样本，同时表明该方法算法简单，具有较好的"鲁棒"性。

因此，对大学生创新素质培养进行综合评估，选择支持向量机是十分合适的。

评价数据主要来源于聘请的专家对大学生创新能力培养情况的综合评判。专家根据评价指标体系进行综合评判，给出评价结果。这些专家包括教育部教学指导委员会委员、国家级教育负责人、教学管理专家、在一线进行创新教育教学与实践的教师等，他们全部具有教授职称，85%以上为博士生导师。

（1）大学生综合素质和创新能力评价。大学生综合素质和创新能力动态评价体系指标过多，达到90多个，利用德尔菲法对初步拟出的指标体系进行匿名评议，把精简到20个指标后的数据作为样本数据，对支持向量机进行训练，从而可以较好地抑制噪声干扰和形成良好的泛化能力。

首先，对数据进行归一化处理。我们对数据进行了［0，1］规范化，这样做的目的是避免因某个特征值过大而在算距离时主导结果，同时也避免了训练时为了计算核函数而计算内积时产生数值计算的困难。训练集和测试集用相同的归一化方式。

其次，分别对四种核函数进行网格 5 折交叉验证法搜索，找出不同核函数的最佳参数。为了寻找一个比较适合该数据的核函数，分别对五种核函数进行网格 5 折交叉验证法实验。具体数值参见表 5-20。

表 5-20 对五种核函数进行网格 5 折交叉验证法实验

函数（Function）	c	g	d	r	5 折交叉验证准确率（%）
线性（Linear）	0.22	——	——	——	76.08
非线性（Sigmoid）	5.00	0.48	0.12	4.00	74.90
多项式（Polynominal）	8.00	0.58	2.00	0	75.15
径向基（RBF）	7.50	0.25			75.68
高斯（Gauss）	12.00	3.60	——		78.26

从表 5-20 中可以看出，四种核函数的准确率都在 75% 左右，高斯（Gauss）核函数准确率达到了 78.26%，具有较高的准确率，因此，选择高斯核函数及其相应的参数进行实证。

再次，选择较好的核函数及参数，设置不同的惩罚参数权重，对训练集进行训练建模。确定线性可分不可分、惩罚参数 C、KKT 条件、核宽度 $\delta2$ 和不敏感损失参数 Eps。具体参数选择过程为：选择线性不可分、惩罚参数 C 的范围确定在 0~100，核宽度 $\delta2$ 的范围确定在 0~5，不敏感损失参数 Eps 的范围确定在 0~1。

最后，利用建立的模型进行训练与测试，并对训练集和测试集进行预测。

当选择线性不可分、高斯核函数、$\delta2$ 等于 2、惩罚参数 C 为 4、KKT 条件为 0.1、Eps 为 0.001 时，对 20 名大学生的创新能力实证结果如表 5-21 所示。

表5-21 大学生创新能力支持向量机实证结果

学生	专家评价		支持向量机		相对误差	均方误差
	评价值	排序	评价值	分类正确率		
学生 A	0.772 714	14	0.741 5	0.959 62	−0.002 600	
学生 B	0.941 630	3	0.910 4	0.966 86	−0.007 320	
学生 C	0.716 519	19	0.685 3	0.956 45	−0.006 380	
学生 D	0.967 510	1	0.936 3	0.967 75	−0.004 750	
学生 E	0.805 211	11	0.774 0	0.961 25	0.002 243	
学生 F	0.958 920	2	0.927 7	0.967 46	0.002 623	
学生 G	0.712 120	20	0.680 9	0.956 19	0.005 535	
学生 H	0.878 860	6	0.847 6	0.964 50	0.004 352	
学生 I	0.744 616	16	0.713 4	0.958 10	−0.003 350	
学生 J	0.787 913	13	0.756 7	0.960 40	−0.004 820	−0.006 482 46
学生 K	0.863 680	8	0.832 4	0.963 87	0.004 856	
学生 L	0.902 640	4	0.871 4	0.965 43	0.040 703	
学生 M	0.831 210	10	0.800 0	0.962 46	−0.002 350	
学生 N	0.796 512	12	0.765 3	0.960 83	0.030 129	
学生 O	0.733 517	17	0.702 3	0.957 46	−0.162 140	
学生 P	0.878 860	6	0.847 6	0.964 50	−0.137 070	
学生 Q	0.863 680	8	0.832 4	0.963 87	0.083 164	
学生 R	0.727 318	18	0.696 1	0.957 10	0.004 329	
学生 S	0.901 650	5	0.871 2	0.965 43	−0.004 880	
学生 T	0.753 215	15	0.722 0	0.958 58	−0.004 620	

通过训练集对5名测试集的学生进行预测评价，向量机还是选择线性不可分、高斯核函数、δ2等于2、惩罚参数C为4、KKT条件为0.1、Eps为0.001，预测结果如表5-22所示。

表5-22 大学生创新能力支持向量机预测结果

被测学生	SVM评价值	排序	Alpha值
学生 U	0.899 8	1	0.696 056
学生 V	0.828 4	3	0.920 947
学生 W	0.793 7	4	0.701 071
学生 X	0.730 7	5	0.697 726
学生 Y	0.876 0	2	1.357 691

（2）学校评价。对综合性大学的大学生创新素质培养水平，也可以利用支持向量机来进行评价。下面是对 20 所综合性大学在培养水平方面的评价，支持向量机用的是选择线性不可分、高斯核函数、δ2 等于 6、惩罚参数 C 为 12、KKT 条件为 0.02、Eps 为 0.000 1，得出的 20 所学校的评价值与专家评价相比较结果如表 5-23 所示。

表 5-23　学校支持向量机实证结果

学校	专家评价		支持向量机		相对误差	均方误差
	评价值	排序	评价值	排序		
学校 A	0.380 2	9	0.381 122 3	7	−0.002 550	
学校 B	0.209 3	19	0.210 765 0	20	−0.007 180	
学校 C	0.240 4	18	0.241 865 0	18	−0.006 250	
学校 D	0.323 8	14	0.325 265 0	13	−0.004 660	
学校 E	0.671 3	1	0.669 835 0	1	0.002 199	
学校 F	0.514 5	2	0.513 160 5	2	0.002 572	
学校 G	0.380 4	8	0.378 372 9	8	0.005 426	
学校 H	0.411 6	5	0.409 889 0	45	0.004 267	
学校 I	0.439 3	3	0.440 765 0	3	−0.003 280	
学校 J	0.413 5	4	0.415 424 0	74	−0.004 730	
学校 K	0.372 0	10	0.370 179 6	10	0.004 761	−0.007 957 75
学校 L	0.338 2	13	0.324 690 0	14	0.039 905	
学校 M	0.319 9	15	0.320 618 9	16	−0.002 300	
学校 N	0.382 7	6	0.371 381 5	9	0.029 538	
学校 O	0.278 3	17	0.322 559 7	15	−0.158 960	
学校 P	0.187 7	20	0.212 962 3	19	−0.134 380	
学校 Q	0.286 2	16	0.262 873 8	17	0.081 533	
学校 R	0.356 2	11	0.354 735 0	11	0.004 244	
学校 S	0.381 8	7	0.383 669 5	6	−0.004 780	
学校 T	0.350 7	12	0.352 321 9	12	−0.004 530	

支持向量机评估方法同样可以用来评价其他大学创新素质培养的成效，它比神经网络方法和回归方法更精确。以大学生创新素质培养评价体系作为考核大学创新培养的标杆，用支持向量机进行预测，确实是测定各所高校大学生创新素质培养水平的优良方法。

5.3 创新能力等级评价方法

如表 5-24 所示，评价指标体系采用了较为模糊的分等级评定方式，即每一指标设定 A、B、C、D 四个评价等级，每个等级都有相应的评价标准。在具体评价时，可以由学生本人或指导教师，相互独立各自按标准分项评出合理等级，再按照评价等级在相应的 A、B、C、D 栏内打"√"。汇总后按不同的权重系数计算出等级分，然后采用等级评价方程计算出最终评价结果。等级评价方程为：

$$G = \sum_{i=1}^{11} [M_i] \times \alpha_j$$

$$(i = 1, 2, 3, \cdots, 11; j = a, b, c, d)$$

式中：G 为个人等级评价结果（满分为 20 分）；M 为等级评定分数（分为 a，b，c，d 四级）；α_j 为权重系数。

上式中的 a、b、c、d 分别表示评定分数，其中，$a = 5$ 分，$b = 4$ 分，$c = 3$ 分，$d = 2$ 分，对于序号 $P_9 \sim P_{11}$，$a = 10$ 分，$b = 8$ 分，$c = 6$ 分，$d = 4$ 分。

按照上述计算方法得出的结果，就可大致确定大学生创新能力培养的综合评定等级：

优秀：$G \geq 17$ 分；

良好：15 分 $\leq G < 17$ 分；

中等：12 分 $\leq G < 15$ 分；

及格：10 分 $\leq G < 12$ 分；

不及格：$G < 10$ 分。

当然，评价的等级标准是灵活的，可根据具体情况做适当的调整。

表 5-24 大学生创新能力培养的评价内容和评价指标体系

评价要素	序号	评价指标	等级评价标准		评价方法	权重系数	评价等级			
			a	b			a	b	c	d
专业理论知识	P_1	专业课理论学习成绩	≥90分	70~79	按相关专业课理论学习成绩计算	0.1				
	P_2	有关理论知识的掌握程度	较好地掌握涉及的理论知识	掌握了涉及的理论知识	笔试与口试相结合，以笔试为主					
思维创新能力	P_3	对课题的认识	能用自己的思维方式理解课题	能在教师指导下认识、理解课题	完成课题开题报告的质量	0.2				
	P_4	与客体有关资料的熟悉和掌握程度	(1) 熟练利用图书和网络收集相关资料；(2) 对所有收集的资料能进行分析整理，完成高质量的分析报告	(1) 掌握了收集相关资料的方法；(2) 对所收集的资料能进行整理	完成资料分析报告的好坏					
现实创新能力	P_5	能自学和应用相关的知识	(1) 知道自己应该补充哪些相关知识；(2) 能自学并较好地应用这些知识	能在教师指导下自学和应用相关知识	完成相应的读书报告的质量	0.4				
	P_6	对课题能提出自己的看法	(1) 能发现和修正研究课题的不完善之处；(2) 能提出研究方案	(1) 能发现课题的不完善之处；(2) 能提出自己的看法	通过具体实践环节综合考核，如毕业答辩					

续表

评价要素	序号	评价指标	等级评价标准		评价方法	权重系数	评价等级			
			a	b			a	b	c	d
现实创新能力	P_7	理论联系实践的能力	（1）能利用新理论、技术和方法来完成研究课题；（2）能对研究课题进行一定深度的理论探讨	（1）基本完成课题研究；（2）能对课题进行初步的理论分析	通过具体实践环节综合考核，如毕业答辩	0.4				
	P_8	研究方案实施能力	能创造性地利用已有条件实现研究方案	能在教师指导下实现研究方案	通过具体实践环节综合考核					
未来创造力	P_9	交际和语言表达能力及文字处理能力	（1）善于与他人交流和交往；（2）有较强的语言表达能力；（3）有较强的文字表述能力	（1）能够与他人交流和交往；（2）有一定的语言表达能力；（3）有一定的文字表述能力	通过具体实践环节综合考核，如面试	0.3				
	P_{10}	自信心和进取心	（1）有较强的毅力；（2）有较强的自信心	（1）有一定的毅力；（2）有一定的自信心	通过具体实践环节综合考核					
	P_{11}	逻辑推断能力	有较强的逻辑推断能力	有一定的逻辑推断能力	通过具体实践环节综合考核					

6　创新之路：创新力开发的案例介绍

6.1　典型案例介绍

本章运用双模式理论对大学生人力资源视角下的创新力案例进行探究，结合案例分析验证双模式理论，同时对该理论进行深化和扩展。

6.1.1　案例一：打造"圣洁课堂公约"品牌

笔者所在单位首都经济贸易大学，在教师群体的培养和学生群体的开发方面进行了理论探索和实践尝试，收效甚好。首都经济贸易大学建立了教师促进中心（Office of Teacher Advancement，OTA），紧紧围绕"释放教师职业潜能"，对教师群体开展辅导和帮助；构建了教育平台体系——"大学生发展辅导体系"，紧紧围绕"滋养学生创新素质"，结合当代大学生群体的特点，把握学生思想转变的时代特征和教育规律，以全面提升学生综合素质为目标，形成了学生教育、培养的工作体系。该教育平台体系主要由"大学生发展辅导基地——大学生发展辅导中心""大学生知识更新和能力塑造平台——成长课堂""大学生创新能力培养项目——大学生创新训练计划（SRIT）"等几部分构成。在实践层面，该体系为首都经济贸易大学在新形势下对大学生开展全面素质教育，尤其是推动提升创新素质教育水平，打造了重要的工作平台，形成了有力抓手；在理论层面，初步形成了包含规律认知与提炼、运行机制和管理体制构建、教育资源整合方式与手段运用、绩效评价模型建设等在内的理论体系，并在此基础上初步完成了相关管理系统软件的开发建设工作。由于工作原因，笔者直接承担了该平台的创建和具体组织实施工作，并在此基础上完成了"大学生发展辅导体系的理论构建和实践探索"项目（2007 年获得北京市教育管理成果二等奖和创新成果奖）。首都经济贸易大学"大学生发展辅导体系"的实践及其成果，是本书在展开理论研究中所重点依托的实证案例。

 **典型案例**

打造"圣洁课堂公约"品牌 促进教风学风建设
——首都经济贸易大学校园文化建设优秀成果申报材料

"圣洁课堂公约"（以下简称"公约"）是首都经济贸易大学精心打造的集思想性、教育性、自发性、制度性于一体的校园文化建设品牌，旨在提升教师的职业认同感、使命感，强化对教师教学行为的约束，同时提升学生的规则意识、自主意识、参与意识，增强校园文化的教育效果，促进学校教风和学风建设。"圣洁课堂公约"校园文化品牌自 2009 年推出至今，制定了"圣洁课堂公约（教师版）"和"圣洁课堂公约（学生版）"两个版本，并先后按照师生自发制定公约、制定文化活动宣传公约和师生自觉遵行公约的整体设计思路，形成了系列化、品牌化校园文化活动。如今公约已经成为学校促进教师发展、加强学生思想教育工作的有效平台，在北京地区乃至全国高校中都产生了一定的影响。

一、突出公约的教育功能，推动教风学风建设

"育人"是高校的根本任务，学校文化建设要始终围绕"育人"这一根本任务开展。首都经济贸易大学在不断探索和推进学校文化建设的过程中，着力寻找和打造既能为师生喜闻乐见，又能充分发挥教育功能的学校文化建设平台，自 2009 年起设计推出了以"圣洁课堂公约"为核心品牌的校园文化建设活动。以制定和实施公约的形式开展教育活动本身并非创新，但是紧抓师风学风问题焦点，切实解决教与学中的突出问题，将制定公约、宣传公约、遵行公约的动态过程与师风学风建设紧密结合，通过新形式、新载体促进师生自觉内化与外化有机衔接，是这项文化活动品牌的创新之处。

教学是教师的基本功，作为学生的引路人，教师担负着传授知识和传承文化的重要职能，他们的精神面貌、人格品质、治学态度直接影响和决定着学生的未来。因此，促进教师发展，提高教师的职业道德素养是师德师风建设的首要任务。但是随着社会经济的快速发展，各种功利化倾向使高校教师离三尺讲台越来越远，他们在科研、职称评聘晋升、创收等方面投入的精力远远多于在提升教学能力上投入的精力。同样，在社会浮躁风

气已经弥漫的高校之中，如何培养学生遵章守纪、踏实求学的自觉意识，成为学风建设和大学生思想政治教育中的重点与难点。

如何改变这一现状，是采取说服教育还是制定制度要求？这些传统形式所能发挥的作用都极其有限。为此，学校充分发掘了公约的一致性、原则性、自发性、约定性、认同性、长期性等特点，借鉴发展性辅导和全人教育理念，按照"师生自发、相互约定、一致认同、原则明确、共同遵守、长期坚持"的总体思路，通过制定和遵行公约的方式有效促进了学校教风学风的转变。

二、丰富公约的教育形式，拓展文化育人平台

学校坚持以思想引领和推动鼓励为主的工作理念，对学校教师促进中心和学生组织进行引导。一方面，打造公约品牌，增强教师职业认同感，重塑教师精神家园；另一方面，积极拓展思想教育新载体，将学生的自我教育与自我引导有机统一，培育积极向上、开拓创新的圣洁课堂文化，全方位促进学校教风学风建设。

（一）坚持"一致性、原则性"，公约内容直指师风学风问题焦点

1. 坚持"一致性"，师生共同遵守。在制定公约的过程中，学校坚持师生一致的原则，既要规范学生行为，更要规范教师行为。同时学校始终认为教风、学风不可分割，没有好的教风就没有好的学风，没有好的学风也不会有好的教风，教风建设、学风建设要共同推动。在具体工作中，学校坚持先推教风，以教风促学风，因此首先于 2009 年启动了"公约（教师版）"的制定，并在试行之后于 2012 年启动了"公约（学生版）"的制定。

2. 坚持"原则性"，规范师生行为。"公约（教师版）"是基于教师精神、道德层面提出的，共分四个部分：第一部分规范衣着举止和时间观念；第二部分规范课堂讲授内容和讲授方式；第三部分规范教学行为；第四部分规范师德风范。四个部分内容直指当前教师教学中存在的弊端，揭示了师德师风中存在的问题。"公约（教师版）"发布之后，教师们纷纷表示，公约就像是一个精神导师，耐心帮助大家治学、为师，每每踏上讲台，看到公约，便多了一份神圣感与责任感。对应"公约（教师版）"制定的"公约（学生版）"也从仪表仪态、课堂秩序、学习要求、尊师友爱等几个方面对学生提出了规范要求，特别是针对学生在学业上不求甚解、不思进取、浅尝辄止的问题，做出了更深层次的指导。很多学生在看到"公约（学生版）"后都表示深受触动，对自己的学习有了更高的要求。

（二）坚持"自发性、约定性"，鼓励师生自发参与制定公约

1. 坚持"自发性"，师生自发制定公约。作为跨学院、跨学科的学术共同体和非行政化的教师交流平台，学校教师促进中心（Office of Teacher Advancement，OTA）2009 年以"尊重教学、尊重课堂、尊重知识"为主题，倡议发起制定"公约（教师版）"活动，吸引了广大教师和学生的关注和参与。在公约制定过程中，OTA 成立了以骨干教师为核心的团队，初步拟定公约文本。随后 OTA 组织开展了历时 3 个月的征集意见、讨论修改的工作，先后召开 5 场座谈会，收集 30 余条修改意见，在此基础上于 2010 年 5 月 18 日正式公布了"公约（教师版）"。

在公布实施"公约（教师版）"的基础上，学校学生工作系统于 2012 年引导学生自主发起并制定了"公约（学生版）"。学生工作系统听取和收集学生建议，形成"公约（学生版）"初稿，通过学生会、学生社团在全校学生中征集对初稿的修改意见，收集汇总了 40 余条修改建议，最终于 2012 年 9 月发布了"公约（学生版）"。

2. 坚持"约定性"，师生签名共同遵守公约。公约的两个版本公布后，都在校园内举行了签名承诺活动，先后有近 300 名教师签名承诺自觉遵守"公约（教师版）"，有 6 000 余名学生在印有"公约（学生版）"的横幅上签名承诺遵守。随后，公约的两个版本被张贴在教室中，时刻提醒教师和学生约束自己的行为。公约的推行成为学校推进师风学风建设的长效机制。

（三）坚持"认同性、长期性"，创新形式，打造公约宣传教育的文化平台

1. 坚持"认同性"，着力创新宣传教育形式。为了充分发挥公约的教育功能，增强教育效果，学校不断创新宣传教育形式，拓展教育平台。在"公约（教师版）"宣传教育中，依托 OTA 平台，通过举办午餐会、一对一私密帮助、巅峰课堂等活动，请老教师带新教师，言传身教，潜移默化，减轻了青年教师的抗拒心理，增强了教育的亲和力，使青年教师自觉将公约内化为价值观，外化为教育行动。在"公约（学生版）"宣传教育中，除了举办签名活动外，还组织开展了以"公约"为主题的创意 T 恤、宣传 LOGO、徽章、书签设计，动漫小品创作，微电影拍摄等校园文化活动，让学生广泛接触、了解和认同公约，自觉内化和遵守公约。2012 年以来，学校先后组织开展了 10 余项竞赛活动，有近千人次参与其中，并有 5 个团队和 35 名个人获得各类奖项，成为校园文化活动的重要组成部分。

2. 坚持"长期性"，打造宣传教育长效机制。利用公约进行宣传教育，从打造长效机制入手，着力避免出现"一时轰轰烈烈，长期冷冷清清"的情形。为此学校将"公约（教师版）"印制成海报，张贴在教室最显著的位置，让教师在上课前、上课中都能随时看到，从而反复强化记忆，增强内化效果，并通过加强教师行为考核，督促他们将公约外化成自觉行动。同时学校设计了"公约（学生版）"幽默动画片《经经贸贸小课堂》，将学校的"骆驼精神"和"骆驼文化"与公约的内容一同融入动画片中，在学校教学楼的楼宇电视中反复播放。很多学生都被这种动画片形式吸引，在看动画片的同时接受了教育。

三、增强公约的教育效果，促进师生共同发展

通过几年来不断打造公约品牌，丰富和完善公约的内容，拓宽公约的教育形式，我校的教风、学风建设有了一定成效。

（一）师德师风进一步改善

通过开展"打造公约品牌"文化活动，学校教风进一步改善，师德水平不断提升，涌现出一批教书育人、爱岗敬业的师德模范。自 2009 年以来，共评选表彰师德标兵 31 人、"三育人"先进个人 119 人。他们有的在危急时刻挺身而出保护学生，有的潜心教学不图名利，有的积极促进学科建设，着力提升学校核心竞争力，有的大搞科研努力提升学校服务社会能力，成为学校发展中不可或缺的中坚力量。

（二）教师教学科研水平显著提升

公约有效增强了教师的职业认同感和使命感，教师的教学科研水平显著提升，人才培养质量也不断提高。学校取得一系列国家级和北京市级"质量工程"成果，其中，1 名教师被评为国家级教学名师，5 名教师被评为北京市教学名师，5 名教师被评为北京市师德先进个人。在科学研究工作中，2009 年以来，受公约影响最直接的青年教师承担的横、纵向课题约 340 项，其中，省部级以上课题 85 项；发表核心以上期刊论文 1 530 篇。一些教师的研究成果得到党和国家领导人的批示，部分研究成果被吸收到政府部门的有关政策之中。此外，2010 年以来，我校教师指导了近 2 000 人次的学生参加校级及以上学科竞赛，学生获得市级以上奖项 50 多个，有效促进了人才的培养。

（三）人才培养质量不断提高

公约还提升了课堂教学质量，让广大学生极为受益，同时学风、校风也得到改善，学生德智体美全面发展，综合素质明显增强。2009 年以来，

我校多次获得全国挑战杯奖项，有多项参赛作品获得北京市挑战杯一等奖，在美国数学建模大赛和全国大学生数学建模大赛中也获得了大量奖项。同时，我校毕业生因专业基础扎实、实践能力与适应能力强、综合素质较高而深受用人单位欢迎。近三年来，本专科毕业生一次就业率分别达到95.52%、95.75%和98.68%，学生就业质量不断提升，毕业生就业满意度较高。同时我校被评为首批"北京地区高校示范性就业中心"，并获得"北京地区高校就业工作先进集体"荣誉称号。

"圣洁课堂公约"对于教师和学生而言是双受益的。将大学生个体和学校、招聘单位联系起来，面向市场对大学生进行职业教育和目标的规划发展。在较为传统的教学体制中加入新的元素，增强大学生的竞争力，同时也不断提高教师个人素质。

6.1.2 案例二：从"就业指导"到"生涯教育"，建构全程生涯教育体系

生涯发展辅导已越来越成为学校教育的一项重要内容，越来越受到国内教育者和学者的重视，笔者所在学校也在不断加强大学生职业生涯教育，已形成具有特色的全程生涯教育体系。大学生职业生涯规划对大学生未来人生价值及自我发展的实现具有重要的影响，职业生涯发展辅导能使大学生全面认识自己的个性、长处和不足，认识社会对人才的需要，从而制定自己的职业生涯目标，自觉地将目标转化为行动。

 典型案例

从"就业指导"到"生涯教育"，建构全程生涯教育体系
——首都经济贸易大学就业指导工作的创新实践

一、工作思路：以"生涯教育"促进就业工作

在就业工作不断强调"质量为先"的理念下，我们将就业工作的理念进行了创新和扩展，将针对毕业生的就业指导，扩展为涉及大学生活全程的生涯教育。我们以生涯教育四个目标，即唤醒生涯意识、提升生涯责任感、促进生涯探索、增强生涯信心为核心理念，针对学生大学期间四个发展阶段的特点，采取丰富的形式，探索建构了全程生涯教育体系。

二、主要做法：覆盖四阶段、把握三层次，全面立体式开展生涯教育

为了将就业工作提前，帮助大学生从入学开始就逐步树立生涯规划和就业能力提升意识，我们将就业指导扩展为"大学四阶段全程生涯教育体系"，四阶段的教育主题分别是：

入学适应阶段：提升规划意识，促进学业人际管理

能力提升阶段：提升责任意识，促进综合能力提升

发展定向阶段：提升探索意识，促进职场探索行动

求职攻坚阶段：提升求职信心，促进求职能力提升

为了实现生涯教育目标，我们设计了三层次教育手段，针对全体学生实施全员覆盖式教育，在生涯发展关键期设置重点指导，针对确实存在困难的学生实施深入帮扶，保证资源合理配置，使得每个学生均能找到适合自己的教育方式。各层次的主要教育手段如下：

（一）入学适应阶段：提升规划意识，促进学业人际管理

1. 进行新生生涯教育。为了帮助大学新生顺利完成从中学到大学的转换、更好地安排自己的学业和人际交往，学生工作处以院（系）为组织单位，开展覆盖全员的新生生涯教育，主题包括认识大学、学涯规划、时间管理、校园资源利用等。

2. 提供网络职业生涯规划自助服务。为了尽早提升全校学生的生涯规划意识，学生工作处毕业生就业办公室自2009年起与专业职业测评公司合作实施了网络职业生涯规划自助服务项目——"职前网络教育"，服务项目包括职业测评、生涯规划以及50门专家视频课程，每年向全体新生发放学习卡，累计发放12 000张。

3. 自制职业生涯读物——《职点》杂志。为了帮助新生尽早了解未来职场所需要的素质能力，树立为将来做准备的心态，学生工作处毕业生就业办公室自2005年起每年编辑制作并向新生发放两期《职点》杂志，内容涉及生涯规划、认识职场、职业规划经验交流等主题，至今累计发放42 000册。学生对杂志内容非常感兴趣。

（二）能力提升阶段：提升责任意识，促进综合能力提升

1. 建设三门选修课。针对学生在生涯发展过程中所面临的实际问题，我们以解决学生发展问题为中心构造课程体系，结合不同年级特点，以第一课堂形式向学生开设生涯发展辅导教育课程，分别于2002年、2004年、2008年开设求职与择业、大学生发展辅导、大学生KAB创业基础三门公选课。三门课程自开课以来均受到学生的一致欢迎，得到一致好评，累计

选课 6 000 人，学评教平均分数均在 91 分以上，学生选课踊跃，教学效果良好。其中，求职与择业课程从 2008 年 9 月开始逐步过渡成必选课，并在工商管理学院、劳动经济学院和外语系三个院、系进行试点，从学生的反馈来看，达到了教学目标的要求，效果理想，将逐步实现全员化、全程化目标。

2. 打造品牌讲座活动。为了进一步落实就业指导全员化、全程化的目标，结合我校的实际情况，以提升学生综合就业能力为出发点，学生工作处从 2007 年 9 月起，为全校学生开设了"职点课堂"品牌讲座，主讲人由企业人力资源经理、职业培训师、院（系）主管学生工作的副书记（书记）、专业教师、校友等具有丰富的教学及实践经验的专家组成，内容主要包括生涯规划、行业认知、创业指导、求职技巧、就业心态管理、职业素养、出国留学等。截至 2011 年 7 月，"职点课堂"共举办了 83 场讲座（2007 年 14 场、2008 年 27 场、2009 年 20 场、2010 年 15 场、2011 年上半年 7 场），参加人数约 12 865 人次（每场平均 155 人）。问卷调查显示，85% 的学生对讲座内容和主讲人感到满意。

3. 举办职业生涯规划大赛。为了提升学生的生涯规划意识和能力，学生工作处毕业生就业办公室自 2009 年开始定期举办职业生涯规划大赛。大赛期间，为参赛选手深入培训职业生涯规划的方法和技巧，指导选手运用科学的职业测评工具加深对自我的了解。通过大赛，选手们的生涯规划意识进一步提高，规划能力获得了很大进步。累计共有 300 名学生参加了大赛。

4. 打造实习基地。自 2009 年起，共创建实习基地 91 家，累计输送实习生 1 820 人。

（三）发展定向阶段：提升探索意识，促进职场探索行动

1. 举办模拟面试大赛。为了帮助大三学生增强为求职做准备的意识，帮助他们了解职场所需要的综合素质，学生工作处毕业生就业办公室自 2008 年至今举办了三届模拟面试大赛。为了让更多学生受益，除了参赛选手能够获得针对性的指导和建议之外，还特别聘请了简历指导专家为全部参赛选手批改简历，并在大赛期间举办重点用人单位校友经验分享会，赛后还邀请了获奖选手与同学们进行经验交流与分享。参加大赛以及分享会的同学们纷纷表示，大赛激发了他们主动了解企业用人需求的动机，促使他们积极思考未来以及自身的发展，并关注自身素养的提升。累计有 1 050 人参赛，2 250 人通过大赛获益。

2. 开展"大学四课"职业规划系列主题班会。自2010年起，学生工作处毕业生就业办公室就深入院（系）开展了"大学四课"职业生涯规划主题班会，"大学四课"的主题分别是生涯意识唤醒与自我探索、时间管理与就业能力提升、职业定位与求职准备、简历面试能力提升。该方法可以提前收集全班学生的问题，并针对这些问题设计班会内容，大大提高就业指导服务的针对性和深入性；可以拉动不主动参与就业指导讲座的学生参与进来，弥补大型讲座的不足；在小班辅导中可以融入求职技能训练等互动内容，大大提升指导效果。

（四）毕业生攻坚阶段：提升求职信心，促进求职能力提升

1. 举办就业服务月活动。为了给毕业生带来丰富的就业信息，提供高质量、高密度的就业指导服务，帮助毕业生顺利求职，全方位宣传毕业生就业办公室的各项服务内容，使全校学生更加熟悉就业办公室、充分利用办公室的各项服务，宣传积极向上的求职理念，让他们把"找工作"当成自己的第一份工作来对待，学生处毕业生就业办公室自2009年起至今举办了两届就业服务月活动，累计举办36期简历面试工作坊，360名求职存在困难的毕业生得到了资深培训师的深入互动式指导。反馈调查显示：学生对活动内容以及培训师的满意度均达到100%。参加本次工作坊，有的学生"深入了解了面试的模式和考察要点"，有的学生"了解了面试官的真实意图"，有的学生"了解了自己前几次面试失败的真正原因"，有的学生"学会了如何以岗位为中心展示自己"，有的学生"加深了对自我的认识"并"增强了自信"。

2. 提供职业生涯个体咨询服务。为了帮助求职确实存在困难的学生树立求职信心、理清规划思路、提升个人能力，学生工作处毕业生就业办公室于2009年成立了"职业咨询室"，累计咨询120人次，主题涉及自我了解、求职能力提升、信心树立等。

三、实施效果：稳定就业率、提升就业质量，增强学生的社会适应能力

全程生涯教育实施后，我校近三年的就业率都保持在较高水平，就业质量不断提升。数据调查显示，与两年前相比，全校毕业生对所签工作的满意度上升了12%，所签工作的专业对口性上升了10%，所签工作符合个人规划的程度上升了10%。针对毕业后学生的追踪调查显示，学生毕业半年后的工作满意度和工作稳定性均有所提高。

就业指导的必要性对于大学生来讲不言而喻。就业指导的必要性不仅体现在前期社会各部门进行招聘的时候，也体现在后续大学生的职业发展中。只有进行必要且高质量的就业指导，大学生才能快速提升其就业能力和就业技巧。

6.1.3 案例三：首都经济贸易大学实行第二课堂学分制

为了提高大学生角色转换速度，将大学生人力资源配置效率发挥至最大，发挥大学生的主动性，第二课堂应运而生。第二课堂是指课堂教学以外的传授知识、培养能力、锻造人格的活动，是对第一课堂学习的延伸、补充和发展。开设第二课堂是实践教学的重要组成部分，是拓宽学生视野、激发学生学习兴趣、培养学生能力、提高学生综合素质的有效途径。

相比于正规的课堂教学，学生们第二课堂的成绩，与个人素养、知识运用和就业技能有着更为密切的联系，能通过人职合理匹配来体现学生的综合能力。因此，第二课堂在一定程度上发挥着"为社会用人单位选人、用人提供科学参考，搭建学生、学校、社会三者之间的有效连接平台"的作用。

 **典型案例**

首都经济贸易大学实行第二课堂学分制

为全面推进素质教育，引导学生在第二课堂中自我教育、自我管理、自我完善，根据学校人才培养目标，结合第二课堂教育实际，首都经济贸易大学自 2013 年起在本科人才培养中设立第二课堂学分，学生在校学习期间未达到第二课堂学分要求则不能毕业。

第二课堂学分是指本科学生参加课外教学及实践活动，符合相关部门、院（系）认定而取得的学分。第二课堂学分的认定范围包括思想引领模块、体美培育模块、能力提升模块等。思想引领模块，旨在提高学生的文化知识和思想道德水平，学生可通过参加主题讲座、阅读课外书目、参加思想政治教育（含心理健康教育）主题活动获得相应学分；体美培育模块，旨在锻炼学生意志，增强学生体魄，培养学生良好的审美情趣和人文素养，学生可通过参加文艺及体育活动或比赛获得相应学分；能力提升模块，旨在提高学生的综合能力，学生可通过参评各类荣誉称号，担任学生组织、社团骨干获得相应学分。

首都经济贸易大学学生处立足于不断完善学生的知识结构，全面提高学生的综合素质，以讲座、论坛、工作坊、课外实践等方式为学生提供多彩、精选的课外"知识超市"。学生可以在学年结束时凭"第二课堂记录手册"认定相应的综合素质学分和第二课堂学分。第二课堂的内容包括"成长课堂""职点课堂""创享课堂""成长加油吧"等第二课堂讲座品牌以及丰富的课外实践活动。

"第二课堂"使得大学生组织管理能力和心理承受能力、人际交往应变能力不断加强，让大学生更好地评估自己并且进行准确的能力定位，为职业生涯规划做好基础的铺垫。

6.1.4 案例四：首都经济贸易大学的创新创业教育

随着我国经济社会发展进入新常态，党中央、国务院做出了加快实施创新驱动发展战略、建设创新型国家的重大决策。人才是创新的核心要素，创新驱动实质上是人才驱动，迫切需要深化教育教学改革，加快培养富有创新精神的人才队伍。从中央到教育系统，全面、深入开展创新创业教育改革已成为共识。

首都经济贸易大学围绕国家经济增长创新驱动的需求，从供给侧提升财经类高校人才培养质量，着眼于培养学生的创新创业精神，提高其实践能力，旨在培养具有创新创业能力的创新型人才。学校本着"创新、实践、合作、共享"的理念，立足办学定位，体现经管特色，遵循人才成长规律，集聚校内外创新创业教育资源，面向全校师生开展创新创业人才培养改革，加强顶层设计，强化部门协调，加大投入力度，加快培养富有创新精神、具有创业能力、勇于投身实践的创新创业人才队伍，服务国家创新驱动发展战略，服务北京科技创新中心建设。

首都经济贸易大学在创新创业教育中，多项措施并举，从指导方针、人才培养模式、专业、课程、创业类竞赛、项目平台等多个方面渗透培养学生创新创业意识，转变了传统教学模式，更新了人才培养的理念。

 **典型案例**

首都经济贸易大学的创新创业教育

首都经济贸易大学高度重视创新创业教育工作，在学校各部门的共同努力下，全面推进本校创新创业教育工作快速发展，构建了"打造一个'社区'、提供双重保障、锻造三支团队、搭建四个平台"的创新创业教育工作体系，为创新创业教育提供从观念到行为、从教师到环境的综合的文化土壤，通过创新创业教育激发学生内生的学习动力，以创业促进大学生高质量就业；同时创新创业教育驱动学校转型，将以学生为中心的教育服务理念落实到行动中，让学生感受市场的力量和增强对教育的尊重。

学校在推进创新创业教育时，着手于四个方面：

第一，构建创新创业人才"V"形培养模式。首都经济贸易大学创新创业教育依托课堂教学和实践教育，注重各学科间的联动，搭建了课堂教学、实习实践、国际交流三位一体的实践培养模式，在培养学生能力、发掘学生创造力方面进行了有益而富有特色的探索，实现了创新创业教育的全覆盖；在此基础上，积极构建本校课程学习、思维训练、企业孵化有机结合的创新创业教育体系。在该阶梯式创新创业人才培养过程中，"CUEB+首经贸创客社区"应运而生。

第二，完善创新创业教育双重保障机制。一是2015年3月成立"首都经济贸易大学就业创业工作指导委员会"，2015年12月出台《首都经济贸易大学关于促进就业创业工作质量提升的实施意见（征求意见稿）》《首都经济贸易大学学生就业创业项目管理办法（征求意见稿）》等文件，进一步明确各部门工作职责，形成多部门协调合作的运行机制，有效地推进了创新创业教育工作的开展。二是学校按照每年每生350元的标准设立就业创业工作专项经费，其中一半为创业教育、创业指导与服务涉及的公用经费支出。同时，学校将原有就业指导中心重新规划装修，划分出近300平方米的C-lab（双创空间），建有10个独立办公室（每个办公室面积在10~15平方米）和一部分开放办公位，配有会议室、茶水区、资料打印区等基础办公配套设施，接入无线网络，帮助入驻企业对接工商、税务等部门，筹措举行路演，吸引后期风险投资等，旨在为大学生创业者搭建一个开放式、智能化的创业实践与项目孵化的教育及公共服务平台，该平台也是学校开展创新创业教育的重要载体。

第三，打造创新创业教育三支工作团队。学校围绕创新创业人才培养目标，统一规划创业师资队伍和管理服务团队建设工作，结合创业工作管理实践，着力打造校内教师、校外导师和学生社团三支创新创业教育工作队伍，实现创新创业教育师资队伍的多元化，创业服务管理队伍的专业化，为学校创新创业教育工作提供丰富、实用的教育资源。

第四，搭建创新创业教育四个关键平台。学校以"培养创新能力，提升创业素养，塑造创业人才"为目标，搭建教学、科研、实训、基地四大工作平台，健全创业教育课程体系，开展多层次创新创业活动。

双模式路径的探索带来的成果就是大学生创新能力的提升。从人力资源角度切入，对大学生进行合理的配置，同时根据职业生涯规划来完善并提高大学生的就业能力，使得大学生更加有竞争力。创新创业活动使得大学生和社会各部门加强沟通，让大学生了解其所需，从而对自身进行一定程度的改变和提升，有助于大学生更加了解自己，提升自己的社会应变能力。

6.1.5 案例五：首都经济贸易大学生涯体验周

双模式的重要培养途径之一就是开办职业生涯规划课程，高校可根据学生的需求进行合理的设计和安排。

高校职业生涯规划教育的现状是以课堂教学为主，部分学校开展职业生涯规划大赛，辅以少量团队咨询和个体咨询；课堂形式的生涯教育面临场地和形式有局限、内容枯燥、与现实结合程度低等问题。

无论是生涯教育，还是就业辅导，学生最终习得的肯定不只是知识，更多的是能力。能力传授的方式需要学生投入时间和精力，在这个过程中有所体验，有所感触，从而激发行动，将取得比传统讲授性的方式更好的效果。

首都经济贸易大学基于人力资源开发视角，通过举办生涯体验周活动来吸引学生，打造职业生涯规划教育新模式，成为学校职业生涯辅导体系中的重要补充和一大亮点。

 **典型案例**

首都经济贸易大学生涯体验周

何谓生涯体验周？生涯体验周，就是在一周的时间里为学生提供各种直接参与其中、有所体验、激发行动的活动，从而起到生涯自助的功能。体验周的活动可与学校举办的其他活动，如讲座、工作坊、个体咨询、调研、校友分享等密切结合。

首都经济贸易大学举办的生涯体验周活动凸显了学校生涯教育理念，提升了高校生涯规划的趣味性，同时也促进了兄弟院校之间的生涯教育交流。

此次生涯体验周一共包含以下四个区域：

区域1：自我探索。你与自己朝夕相处，是最熟悉、理解自己的人，同时也存在盲点，容易成为最熟悉的陌生人。所以"人啊，了解你自己！"成为人生发展的终极问题之一。

区域2：外部世界探索。职业世界是如何划分的？你即将进入的职业世界的运作规律是什么？要想做出一个"好"的职业选择，需要了解哪些方面的信息？深入了解职业世界，可以采取的方式是什么？

区域3：行动。生活是你采取行动或者不采取行动的结果！例如，你在大学期间想要做什么事情？如果不做这件事情是否会遗憾呢？

区域4：决策。每个人都面临着太多选择和不同的困难。促使你做出选择的根源是什么呢？也许答案复杂多样，根据现有的研究，价值观对人的决策具有直接的影响。

通过这样的活动形式，学生进行自我目标定位、自我探索、职业探索等，在实践中了解并学会进行职业生涯规划。

从认识自我开始到根据自我和社会做出对自己有利的决定——生涯体验周是双模式下较为典型的活动，是按照"人力资源合理配置+职业指导"双模式路径来进行的。

6.1.6 案例六：基于导师制的本科人才孵化站

培养创新创业型人才是高等教育人才培养的一个重要方向，创新创业是增加高校毕业生就业、推动产业发展和社会进步的重要力量。随着技术创新和现代商业日益结合，为了把更多的新知识、新技术在市场上应用和推广，培养创新创业人才显得尤为迫切。面对时代的挑战，如何培养创新创业人才已成为高等教育发展改革中的一个重要问题。

Dian 团队全称为"基于导师制的本科人才孵化站"，由华中科技大学电信学院教授刘玉于 2002 年 3 月创建。华中科技大学创建 Dian 团队是运用双模式的典型成功案例。Dian 团队的人才培养核心在于以真实项目牵引，以本科生作为科研主力，采取导师制、导生制、顾问制相结合的本科创新人才孵化机制；让学有余力的学生直接参与面向学科前沿或生产实际的科研活动，通过"干中学"的方式培养学生的创新能力和综合素质，提高知识与能力的转化效率。15 年来，Dian 团队"孵化"出 52 家企业，其中 13 家公司估值过亿，两名老队员张良伦、金亦冶更是荣登福布斯"中国 30 位 30 岁以下创业者"榜单。Dian 团队的人才培养模式由此受到了广泛的关注。

 典型案例

华中科技大学 Dian 团队

Dian 团队是华中科技大学一项具有特色的开拓性创新成果，该团队在多年的实践运行过程中逐步摸索出了学生管学生、顾问制等管理模式，拓展了导师制的内涵，最终形成了"导生制"模式，创新了项目制本科研究性学习模式，取得了很好的成绩。Dian 团队坚持人才培养第一、科研第二，开发本科生科研潜能，实现了教师、学生、学校、企业的共赢，进行了在学校领导下把"体制外"纳入"体制内"的探索，具有重大的理论和现实意义。

（1）Dian 团队简介。华中科技大学电信学院刘玉教授，出生于 1957 年，她于 2002 年 3 月创建了 Dian 团队，"Dian"取自她的网名，中文取"知识的积累来源于点点滴滴"的说法，后来，团队成员又拓展出另一层含义：一个个的"点"就构成了团队。刘玉所在的电信学院不仅科研力量强大，而且有重视本科教改、重视实践的传统，为 Dian 团队取得成功打下坚实的基础。

首先，介绍 Dian 团队的成长历程。2002 年年初，网名"Dian"的刘玉在生活中觉得身边的朋友虽然都有计算机，但大多用于上网聊天、玩游

戏，因此就跨院（系）招收了几名本科生开展"真刀真枪"的科研项目，随后得到了学校电信学院的大力支持，团队得到了迅速发展，其成员来自电信、计算机、光电、物理、电气、生命科学与技术等院（系）。2006年，在学校教务处的帮助下，建成了由一个多媒体教室、20个机位构成，占地80平方米的"东五基地"；除此之外，还增加了专门提供多媒体和供虚拟现实课题组开展活动的专用地——南一楼宽带中心。目前，团队的100人中有本科生70名，约占70%，博士生3名，硕士生27名，已经是规模可观了。

其次，介绍Dian团队的项目来源。Dian团队的项目主要来自企业委托的项目，另外还有一些是以社会需求和学科前沿为背景，向学校有关部门申请的创新基金项目。从建立之初到现在，Dian团队的项目数量已超过50项，签订合同的经费额度已超过200万元。其中超过186万元用于支付已完成的项目。仅2006年一年，校外企业实到的项目科研经费就达108万元，在此基础上，"国家大学生创新训练计划"已经立项十余项。

最后，介绍Dian团队的成就。至2006年年底，短短4年多的时间里，团队完成项目38项，获得项目经费已超过186万元；本科生作为第一作者发表的论文10篇，其中2篇发表在权威期刊，6篇发表在核心期刊；申请国家发明专利和国防专利5项，目前已有一项被授权批准投入实际生产；团队学生获国家级奖1项，省级奖7项，校级奖15项；与华为、微软、嘉铭激光公司等社会知名企业建立了长期的人才与科研合作关系。

（2）Dian团队模式剖析。项目制的本科研究性学习并不少见，但Dian团队的师生比仅为1∶100，且效果显著，值得探讨。

首先，Dian团队拓展了导师制的内涵与外延，形成了"导生制"的模式，这是其成功的关键因素。在团队中，由导师带领学生进行项目科研，共同解决问题，形成了一个良好的学习和科研氛围。

其次，Dian团队实行了开放性的管理体制，具有较大的灵活性。Dian团队的成员来自学校各个学院，把各个学院的学生整合成一个团队进行共同的科研活动，真正实现了跨学科合作，从多学科、多角度来思考和解决问题，形成了一个立体型的团队。

最后，Dian团队内部拥有开放的科研文化。团队的成员大部分是学生，相互之间的沟通和合作较容易，而且整个团队摆脱了传统组织的官僚性，大家的科研学习热情很高。

6.2   动态评价系统开发

近年来，首都经济贸易大学围绕促进学生全面发展，切实提高大学生思想政治教育的实效性这一根本任务，依据学校培养高素质国际化应用型人才的目标定位，抓住关键环节，不断创新途径和方法，完善体制机制，扎实推进各项工作，着力打造具有本校特色的大学生发展辅导体系。笔者在以实践者的身份推动首都经济贸易大学"大学生发展辅导体系"形成并完善的过程中，一开始就注重将这一理论和实践构建在信息化平台上进行推动，并委托龙信百年数据管理科技有限公司合作开发"大学生综合素质与创新能力信息化动态评价系统"。借助这一系统，力图对在校大学生的综合素质与创新能力有一个量化、动态、科学的评价，对以提高大学生综合素质和创新能力为目标的教育、管理和服务工作做出综合及客观评估。

6.2.1   大学生综合素质与创新能力信息化动态评价系统的设计思路

6.2.1.1   设计原则和主导思想

大学生综合素质与创新能力信息化动态评价系统充分利用信息化平台，进行科学的定量数据分析，做到界面友好、数据翔实、系统安全、便捷高效。具体内容如图 6-1 所示。

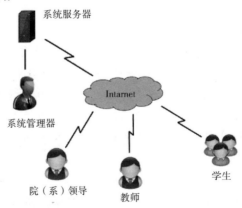

图 6-1   大学生综合素质与创新能力信息化动态评价系统的设计思路

6.2.1.2　主要功能

通过构建大学生综合素质与创新能力信息化动态评价系统，对学生的综合素质进行动态分析评测，对异常趋势做预警处理，使学生处能及时掌控学生动态，使学校教育管理者能根据评测分析结果有效引导学生综合素质的发展，同时实现评价体系科学化、标准化，降低人工评价的主观性，使评价结果客观公正。具体内容如图6-2所示。

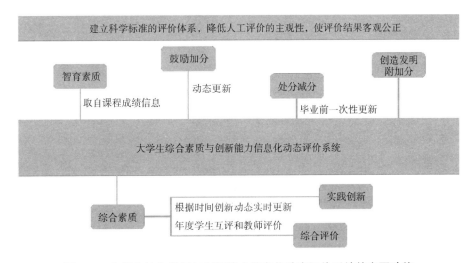

图6-2　大学生综合素质与创新能力信息化动态评价系统的主要功能

6.2.1.3　开发方案

大学生综合素质与创新能力信息化动态评价系统的建设目标是搭建数据仓库和商业智能分析平台，运用科学的评测分析方法和手段，采用走势分析、对比分析、结构分析、核心变动因素分析等方式，对学生综合素质进行评价，及时、科学地反映学生素质总体现状、发展趋势以及存在的问题。

整个项目周期分为以下三个阶段：

第一阶段：建立科学完善的评价体系。这一阶段主要是根据学生处自身业务需求和以往的评价体系，建立和完善科学的可持续的评价体系，落实具体的指标体系和数据来源、评价标准等。

第二阶段：开发与应用初级分析应用模块。本阶段主要是根据第一阶段确立的评价体系设计应用数据仓库和评价模型，同时导入虚拟数据，实现DEMO数据的模拟评价和分析，根据分析评价结果修改和完善评价模型。

第三阶段：实现数据采集设计与高级分析功能。本阶段根据前两个阶段的结果，完善数据采集方案，主要是针对不同的数据指标，设立相应的数据采集方案，并实现数据的自动清洗入库，运用动态的规则引擎实时加载评价结果。同时，根据评价结果运用一些高级的功能模块进行分析和预警。

6.2.1.4 功能需求

根据学生处日常业务分析的需要，本评测系统在完成学生素质动态评价的基础之上，具备以下功能：①分析展现某个学生的素质得分，以及其基础项和加分项的各细节的年度增减变化情况；②分析展现各院（系）或者班级的素质得分，以及其基础项和加分项的各细节年度增减变化情况；③针对某一特定学年，选定不同个体［学生或者班级、院（系）］进行对比分析，展现各自的细节指标；④对个体进行预警，综合得分低于 60 分或者各学年平均分低于 60 分进行预警；⑤可根据自定义条件（综合得分或者是某一个单项得分）进行排序，获取前 N 名学生名单；⑥学生的基础信息库直接可以导入；⑦评价体系的指标可以根据需求进行添加、修改和删除。

6.2.1.5 总体方案设计

大学生综合素质与创新能力信息化动态评价系统的总体逻辑系统架构可划分为三个层次，即数据采集层、数据处理层、分析展现层，实现对整个项目前后端所有部件、操作、流程的管理。详细情况如图 6-3 所示。

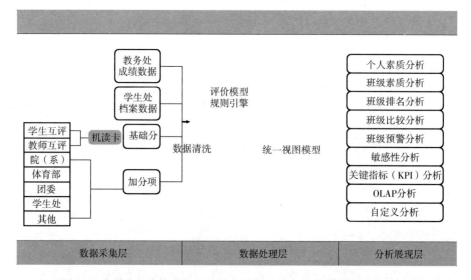

图 6-3 大学生综合素质与创新能力信息化动态评价系统总体方案设计

三层架构的设计充分体现数据仓库设计方法论的层次化思想，每层次功能分布合理、逻辑性强，各层次间接口清晰，适合于规模扩展，具有相对的独立性。这样既有利于系统的逻辑设计和开发，也能方便、灵活地进行分步实施。

6.2.1.6 数据采集方案设计

数据采集模块包括在线数据填报模块、定制接口程序工具以及用于远程数据传输的辅助工具。这些不同的数据采集模块分别针对的是不同的原始数据源。

大学生综合素质与创新能力信息化动态评价系统需要考虑三种不同的数据采集方案：①基础项得分数据来源于学生互评和教师评价，评价结果进入机读卡，进入系统；②附加项得分数据来源于不同院（系）和部门，数据采集采用网络填报，不同的院（系）和部门设置不同的用户权限，进入相应的采集界面；③学生基础档案信息来源于学生处基础数据库和教务处学生成绩库。详细情况如图 6-4 所示。

大学生综合素质与创新能力信息化动态评价系统				
系统管理	评价录入	学生个人分析	班级整体分析	高级查询
任务管理	综合评价录入与监控	总分排名	总分地位与排名	总分高级查询
角色管理	实践创新能力录入	得分明细	互评成绩排名	互评成绩高级查询
	鼓励加分	综合分析	综合分析	
	处分减分			
	智慧素质			
	创造发明附加分			

主功能描述

图 6-4 大学生综合素质与创新能力信息化动态评价系统数据采集方案

6.2.1.7 引擎方案设计

本部分主要完成对评价体系的动态实现，不仅要实现数据的动态转换评价，而且要实现根据管理需求动态修改指标体系的指标、权重等。

6.2.1.8 数据分析技术方案设计

大学生综合素质与创新能力信息化动态评价系统除了完成学生素质的动

态评价之外，也很注重查询分析与预警提示（见图6-5）。

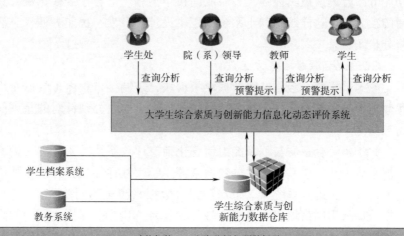

图6-5　查询分析与预警提示

这部分涉及的分析技术主要有：

（1）固定报表：主要解决日常一些固定报表的应用问题。要求可以实现报表的自动生成和自动分发。

（2）多维报表：运用在线分析（OLAP）技术，通过多维的方式对数据进行分析、查询并生成报表。其主要用于对用户当前及历史数据进行分析，辅助领导决策。它使分析人员、经理及管理人员从多种可能的观察角度对信息进行快速、一致和交互的存取，从而获得对信息的深入理解。

（3）动态查询：分析人员自定义查询条件，进行灵活组合及查询分析。详细内容如图6-5所示。

（4）固定报告：利用数据仓库技术实现与Word的无缝连接，将具备固定格式的报告中的数据通过数据库技术进行自动替换、更新，直接生成Word格式报告。其主要应用于日报、月报、年报等固定格式的报告中，可以实现图、表、关键字的自动更新。

（5）统计分析：基本功能包括数据管理、统计分析、图表分析、输出管理等。统计分析过程包括描述性统计、均值比较、一般线性模型分析、方差分析、相关分析、回归分析、判别分析、聚类分析、因子分析、生存分析、时间序列分析以及多重响应等几大类，允许用户选择不同的方法及参数。其具备专门的绘图系统，可以根据数据绘制各种图形。

（6）数据挖掘：利用成熟的工具软件，结合先进的建模技术理念，实现对工业经济运行数据的深度挖掘。涉及的算法主要有决策树、群集算法、神经网络、关联规则、时序群集等。挖掘结果回写到数据仓库，通过统一的信息发布平台进行展现。

（7）敏感性分析：包括投入产出敏感性分析、价格敏感性分析、出口带动敏感性分析、科技投入敏感性分析等。通过对分析模型进行研究展示，深入、直观地展现数字背后隐藏的关联关系，为决策提供强有力的支撑。详细内容如图 6-6 所示。

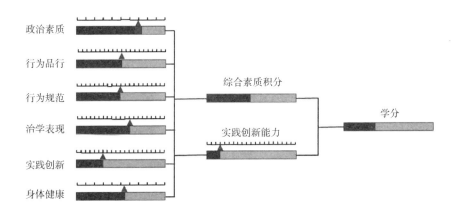

敏感性分析

图 6-6　敏感性分析

（8）关键指标（KPI）：通过模型研究与设计，建立景气指数，构建反映学生整体素质的关键指标。对该指标进行监控分析是科学管理和决策的必要前提。

6.2.1.9　功能模块设计

功能模块主要包括以下几个部分：

（1）分析预警模块。它主要包括这样几个分析模块：个人排名分析、个人素质分析、班级排名分析、班级素质分析、班级比较分析、班级预警分析、敏感性分析、关键指标分析、在线分析、自定义分析。

（2）管理模块。它主要包括用户管理、报表管理和模型管理几个模块。

（3）数据采集模块。它主要包括机读卡采集模块和基础数据采集模块。

（4）成绩采集模块。它主要是指网络填报模块，包括院（系）、体育部、团委、学生处等几部分。

大学生综合素质与创新能力信息化动态评价系统功能构架中的创新能力录入和系统任务发布与评价录入分别如图6-7和图6-8所示。

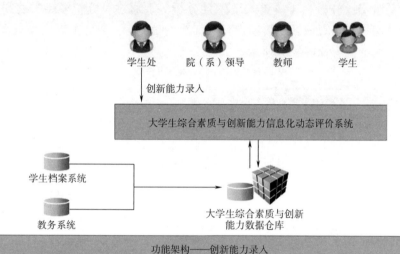

图6-7　创新能力录入

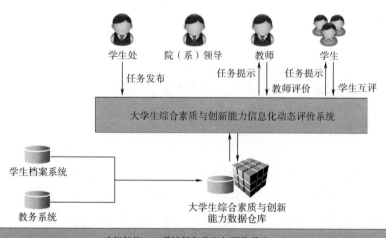

图6-8　系统任务发布与评价录入

6.2.2 开发系统的现实意义

大学生综合素质与创新能力信息化动态评价系统是专门针对大学生综合素质管理制订的一套完整解决方案。运用该系统可以对学生的综合素质及创新能力进行动态测评，对于不及格等异常现象及时进行预警提示，动态监控评价，指导学生健康、良性发展。

大学生综合素质与创新能力信息化动态评价系统体现了以下评价原则：

第一，全面性综合性原则。评价指标是知识综合、技能综合、能力综合、体质体能综合，以及情感、心理综合的产物。

第二，定性与定量相结合的原则。评估结果不仅能比较学生能力的差异，还能对学生之间的差异程度进行初步评估。

第三，指导性原则（优化原则）。对评价结果进行分析，从不同角度查找因果关系，确认产生的原因，并通过信息反馈，明确今后的重点方向。

第四，通用可比性原则。通用可比性指的是不同时期以及不同对象间的比较，即纵向比较和横向比较。

大学生综合素质与创新能力信息化动态评价系统将技术应用于大学生动态评价工作中，并首次引入数据管理的理念，建立大学生综合素质及创新能力数据仓库，设计了灵活动态的智能分析展现界面，为素质教育提供了切实有力的技术支持。

大学生综合素质与创新能力信息化动态评价系统依据高校学生德育评价体系的三大机制，即组织机制、考核机制、激励机制，实现高校学生评价的多元化，将学生自我评价、同学互评、教师评价和知识评价、家庭评价、社会评价的成绩和各学科考试成绩录入数据仓库，搭建商业智能分析平台，运用科学的评测分析方法和手段，采取走势分析、对比分析、结构分析、核心变动因素分析等方式，对学生综合素质进行分析，及时、科学地反映学生素质总体现状、发展趋势以及存在的问题，全面地提高德育教育质量，保证德育为首的地位，落实各项激励制度，调动教师和学生的积极性，使学校的德育工作蒸蒸日上。

大学生综合素质与创新能力信息化动态评价系统不仅是评价体系，还是一个联系学生、教师、校领导、学生处等各方的交互平台，使得素质评价动态、公开、透明，不仅提高了管理效率，同时也为学生自我评价、自我监控管理提供了依据。

　　学校领导和教师可以通过该系统对学生的综合素质进行动态分析评测，并在必要时对异常趋势进行预警，使学生处能够及时掌控学生动态，使学校能够根据评测分析结果有效引导学生综合素质的发展。同时，该系统能实现评价体系科学化、标准化，降低人工评价的主观性，使评价结果客观公正。

结束语与展望

　　创新教育是我国当前教育改革的主要内容之一，主要目的是培养大学生创新意识、创新精神、创造性思维、创新能力等创新素质。培养大学生的创新素质是国家科技发展的需要，是高等教育发展的需要，也是大学生自身发展的需要。本书基于创新力开发的视角对大学实施创新教育的路径和方法进行了有益的探索，对于国家开发潜在的人力资源（在校大学生），促进国家创新人才体系的建设，具有重要的现实意义。这种设想和尝试虽然在切入点与理论上有所创新，并在实践中与现代科技相结合，但却短期不能见效益，需要经过时间的检验，不是单纯地运用人力资源理论就能实现的，需要结合教育学、管理学、哲学和经济学等多种学科的知识。更重要的是，为发挥该理论与指导思想的前瞻性和导向性，在大学生创新素质培养方面还有很多问题值得进一步探讨。具有创新素质的大学，是国家与社会人力资源的重要储备部门，是我国创新建设的重要有生力量的源泉。

　　大学生创新素质培养属于学科交叉领域，虽然本书以人力资源开发为主要理论依据，选取创新力开发的路径，提出了许多关于大学生创新素质培养的理论和做法，并运用了层次分析法、模糊综合评价法，建立了支持向量机评价模型，但相对于大学生创新能力培养的完整系统来说，还有以下几点需要进一步深入研究。

　　第一，大学生人力资源的创新能力培养体系是一个完整的系统，这个系统具有复杂、多变和发展的多维结构，其内在要素和层次结构之间存在着错综复杂的功能联系，它们相互渗透和相互影响。因此，仅仅用一两个模型是不能完全解释整个创新培养体系的，要形成模型中的平衡、协调，让客观事实来检验理论，需要一个相当长的过程。

　　第二，学校虽然是大学生生活、学习的主要场所，但一个人生活在世界上离不开社会和家庭，大学生的健康成长需要个人、学校、家庭和社会的共同努力。对于在校大学生的研究，除了运用一些显性指标外，还要用到许多隐性指标，后者往往因难以量化与考核而面临研究不深入的问题。

　　第三，在信息化时代，海量信息是一把"双刃剑"，它可以促进大学生创新能力的提高，同时，信息意识淡薄会冲击创新意识的提高，信息能力低下会制约创新能力的提高，信息道德缺失会阻碍创新素质的提高。国家需要勇于创新的人才，时代需要勇于创新的人才，高等院校肩负着培养创新人才的重任。只有扎扎实实、脚踏实地地实施创新教育，科学地改革教育内容、数学方法，营造有利环境，才能开发出具有良好创新素质的创新型人才，大学才能真正担当时代赋予的使命！

附录一　大学生综合素质和创新能力动态评价体系

表 1　大学生综合素质和创新能力动态评价体系

项目分类	编号	指标明晰	参考分值	说　明	认定部门
学习表现	1	全勤（不含学校相关部门事假）	3	各班考勤记录	院（系）
	2	课堂笔记工整、清晰，可作为学习资料保存	4	以笔记为准	院（系）
	3	坚持参加宿舍或班级学习小组，有定期学习记录	3	学习记录、班主任书面证明	院（系）
	4	经考察合格，发展为预备党员	2	院（系）党总支党员发展会记录	院（系）
宿舍表现	5	宿舍卫生每学期 85 分以上天数大于 90%，且最低分不得低于 80 分	1	宿舍管理员提供宿舍卫生检查分数	院（系）
	6	年度优秀宿舍/星级宿舍/免检宿舍	1	宿舍管理员提供宿舍评比情况	院（系）
校园文体活动	7	国家级及以上大学生文体活动（非比赛类）	3	比赛通知复印件、赛事组委会邀请函复印件或学校相关组织部门证明；获奖证书复印件（或同等级别其他名称奖项证书复印件）；团体比赛中参与者均加分，此项所获奖项均按年度计算	院（系）
	8	省市级大学生文体活动（非比赛类）	2.5		
	9	区县级大学生文体活动（非比赛类）	2		
	10	国家级文化体育比赛一等奖	3		
	11	国家级文化体育比赛二等奖	2.5		

项目分类	编号	指标明晰	参考分值	说　　明	认定部门
校园文体活动	12	国家级文化体育比赛三等奖	2	比赛通知复印件、赛事组委会邀请函复印件或学校相关组织部门证明；获奖证书复印件（或同等级别其他名称奖项证书复印件）；团体比赛中参与者均加分，此项所获奖项均按年度计算	院（系）
	13	国家级比赛各单项奖	2		
	14	参加国家级比赛但未获奖	1.5		
	15	省市级文化体育比赛一等奖	2.5		
	16	省市级文化体育比赛二等奖	2		
	17	省市级文化体育比赛三等奖	1.5		
	18	省市级比赛各单项奖	1.5		
	19	参加省市级比赛但未获奖	1		
	20	区县级文化体育比赛一等奖	2		
	21	区县级文化体育比赛二等奖	1.5		
	22	区县级文化体育比赛三等奖	1		
	23	区县级比赛各单项奖	1		
	24	参加区县级比赛但未获奖	0.5		

项目分类	编号	指标明晰	参考分值	说　明	认定部门
校园文体活动	25	学校各类文化体育比赛一等奖（不含校运动会）	2	获奖证书复印件（或同等级别其他名称奖项证书复印件），团体比赛中参与者均加分，此项所获奖项均按年度计算	组织部门
	26	学校各类文化体育比赛二等奖（不含校运动会）	1.5		
	27	学校各类文化体育比赛三等奖（不含校运动会）	1		
	28	学校各类文化体育比赛各类单项奖（不含校运动会）	0.5		
	29	参加学校组织各类文化体育活动或比赛	2		
	30	校运动会前三名	2	前八名以名次为准，未获奖以参赛名单为准	体育部
	31	校运动会第四至六名	1.5		
	32	校运动会第七、八名	1		
	33	进入校运动会预赛但未获名次	1		
	34	院（系）啦啦队坚持全场且表现良好	2	院（系）自行认定	院（系）
	35	代表学校参与重要文化体育交流活动	3	组织部门证明	组织部门
	36	在学校重大文化体育活动中表现突出；对所参与的各类文化体育活动及比赛能够积极提出合理化建议，积极协助组织者完成工作，非学生干部担任重要工作并圆满完成，在各类比赛中体现顽强拼搏、友谊竞赛、团结互助的行为，或其他有突出贡献行为	2.5	组织部门书面证明	组织部门

续表

项目分类	编号	指标明晰	参考分值	说　　明	认定部门
校园文体活动	37	参与院（系）文化体育活动或比赛获奖	1.5	各院（系）自行认定，可重复计算	院（系）
	38	参与院（系）文化体育活动比赛且正在比赛中	2		
	39	积极参加班级主题班会、主题团会、主题党日活动	1.5	班级活动记录、班主任书面证明	院（系）
	40	参与成长课堂与职点课堂，每场记录	0.5	每学期初公布上一学期总场数，根据书签核算	学生处
社会实践公益行动	41	参加学校、院（系）组织的社会实践实习、考察调研、公益服务	2	实习实践组织部门出具书面证明或实习部门出具实习实践认证	院（系）
	42	自发参加校外各种形式的社会实践	2	含企业实习、调查研究、其他单位组织社会调研；依据组织单位出具实习认证（企业实习重复计算每学期不超过3次）	院（系）
	43	自发参加校外公益活动，且每学期不低于15小时	4	含各类志愿服务、义务劳动、社区工作等	院（系）
	44	在各项社会实践、公益活动中表现突出或获得表彰	3	获得用人单位或服务对象的正式表扬及表彰，以书面材料为准	院（系）
	45	社会实践形成重要调研报告、调研成果，被有关单位采纳	3	依据专业教师出具的学术或实用价值认证，调研报告被采用的需出具采纳单位书面证明，经院（系）认可	院（系）
	46	参加学校组织献血/校外无偿献血	2	学校组织献血院（系）自行认定，参加校外献血依据献血证（重复计算每学期不超过1次）	院（系）

续表

项目分类	编号	指标明晰	参考分值	说　　明	认定部门
学生干部	47	校学生干部考核优秀	2.5	如同时兼任三者，则根据学生干部考核成绩最高分确定相应类别分数；学生干部包括各级学生会主席、部长、分团委副书记、分团委部长（委员）、班委、团支委	团委
	48	校学生干部考核良好	2		
	49	校学生干部考核合格	1.5		
	50	院（系）学生干部考核优秀	2		院（系）
	51	院（系）学生干部考核良好	1.5		
	52	院（系）学生干部考核合格	1		
	53	班级学生干部考核优秀	1.5		
	54	班级学生干部考核良好	1		
	55	班级学生干部考核合格	0.5		
	56	优秀社团主要学生干部	2	含：社（会）长、部长	团委
	57	国家级优秀学生干部、优秀团干部、三好学生、优秀团员	3	证书复印件	团委、学生处
	58	市级优秀学生干部、优秀团干部、三好学生、优秀团员	2		
	59	校级优秀学生干部、优秀团干部、三好学生、优秀团员	1		
	60	获评国家、市级、校级优秀班集体、优秀团支部（集体每人）	1	其中，学生干部加1分，普通同学加0.8分	团委、学生处
	61	最佳新生班集体（集体每人）	1	其中，学生干部加1分，普通同学加0.8分	学生处

项目分类	编号	指标明晰	参考分值	说　　明	认定部门
学术活动及科研成果	62	国家级比赛一等奖	3	依据参赛通知、获奖证书、证明	院（系）
	63	国家级比赛二等奖	2.5		
	64	国家级比赛三等奖	2		
	65	国家级比赛各单项奖	2		
	66	参与国家级比赛但未获奖	1.5		
	67	省市级比赛一等奖	2.5	依据参赛通知、获奖证书、证明	院（系）
	68	省市级比赛二等奖	2		
	69	省市级比赛三等奖	1.5		
	70	省市级比赛各单项奖	1.5		
	71	参与省市级比赛但未获奖	1		
	72	国家级专利认证机构认证专利	2	专利说明及认证证书复印件	院（系）
	73	省市级专利认证机构认证专利	1		
	74	参与学校大学生科研与创新训练计划	1	学校公布立项名单	学生处
	75	参与大学生科研与创新训练计划并获"大学生科研创新奖"	2	学校公布获奖名单	学生处
	76	每学期参加学校组织的学术讲座，每场记录	0.5	学术讲座：各院（系）/部门面向全校举办的，在校内举行的学术专题讲座	院（系）
	77	参加学校、院（系）组织课题研究（非大学生科研与创新训练计划项目）	2	项目申请书，指导教师书面证明（可重复计算，但每人每学期不超过两项）	院（系）

续表

项目分类	编号	指标明晰	参考分值	说　　明	认定部门
学术活动及科研成果	78	参加各种课题研究并形成具有重要理论或实践意义的研究成果	1.5	个人申请、相关专业老师出具书面证明评估意见	院（系）
	79	对某一问题/某一专业领域有深入研究，形成具有实践意义的案例分析、学习或研究方法过程的小创新、小发明，具有可行性意见的商业计划书	1.5		
发表文章	80	核心期刊发表文章	2.5	封一、封二（或封三）带刊号页、目录页、论文正文页复印件	院（系）
	81	有正式刊号（非核心期刊）报纸、杂志发表文章	2	封一、封二（或封三）带刊号页、目录页、论文正文页复印件、报纸复印件、刊号版面复印件	院（系）
	82	主动给学校各部门投稿	1.5	用稿部门书面证明	用稿部门
	83	主动给院（系）刊物投稿	1.5	各院（系）自行认定（重复计算每学期不超过10篇），其中数量分与质量分的比例为3∶7	院（系）
外语水平	84	二年级四级考试首次成绩达到优秀	1	证书复印件	院（系）
	85	二年级六级考试首次成绩达到优秀	1		
	86	三、四年级四级考试首次成绩达到优秀	0.5		

续表

项目分类	编号	指标明晰	参考分值	说　明	认定部门
外语水平	87	三、四年级六级考试首次成绩达到优秀	0.5	证书复印件	院（系）
	88	英语类专业学生通过第二外语资格认证考试	1.5		院（系）
	89	通过其他类英语等级考试	1		
	90	用外语发表文章	1.5	封一、封二（或封三）带刊号页、目录页、论文正文页复印件、报纸复印件	院（系）
	91	第一外语非英语学生通过本类语言各种资格考试	0.5	证书复印件（可重复计算）	院（系）
	92	第一外语非英语学生通过各类英语等级考试	1.5	四级 425、六级 425，雅思、托福、GRE、GMAT、托业、剑桥英语（可重复计算）	院（系）
其他技能	93	通过各类计算机等级考试	1	证书复印件	院（系）
	94	专业软件使用熟练，并能为他人指导，为班级、院（系）、学校有关工作服务	1.5	个人申请，所服务部门书面证明其专业软件使用能力（可重复计算）	院（系）
	95	获得各种资格认证（含驾照、会计资格、人力资源资格、报关员资格、律师资格、导游证、统计资格、CPA、ACCA、CFA、CIA 等）	1	证书复印件	院（系）
	96	某一方面技能突出	1.5	个人申请且出具专业指导教师认证的书面材料	院（系）

续表

项目分类	编号	指标明晰	参考分值	说　　明	认定部门
其他加分项	97	在参与学校建设、履行社会责任、践行公民权益等方面有其他突出表现及事迹者	1.5	核对事迹或根据有关单位部门的表扬、表彰、感谢	院（系）
	98	非经学校组织、自发参与校外文体活动，学生个人/团体有良好表现，为学校争得荣誉者	1.5	依据邀请函、荣誉证书、奖牌或主办组织方书面参加证明	院（系）
	99	其他可由院（系）认定的加分项	2		院（系）

附录二 校园文体活动分值判断矩阵

表 1 校园文体活动分值判断矩阵（一）

A_3	B_7	B_8	B_9	B_{10}	B_{11}	B_{12}	B_{13}	B_{14}	B_{15}	B_{16}	B_{17}	B_{18}	B_{19}	B_{20}	B_{21}	B_{22}
B_7	1.000 0	0.833 3	0.666 7	1.000 0	0.833 3	0.666 7	0.666 7	0.500 0	0.833 3	0.666 7	0.500 0	0.500 0	0.333 3	0.666 7	0.500 0	1.000 0
B_8	1.200 0	1.000 0	0.800 0	1.200 0	1.000 0	0.800 0	0.800 0	0.600 0	1.000 0	0.800 0	0.600 0	0.600 0	0.400 0	0.800 0	0.600 0	1.200 0
B_9	1.500 0	1.250 0	1.000 0	1.500 0	1.250 0	1.000 0	1.000 0	0.750 0	1.250 0	1.000 0	0.750 0	0.750 0	0.500 0	1.000 0	0.750 0	1.500 0
B_{10}	1.000 0	0.833 3	0.666 7	1.000 0	0.833 3	0.666 7	0.666 7	0.500 0	0.833 3	0.666 7	0.500 0	0.500 0	0.333 3	0.666 7	0.500 0	1.000 0
B_{11}	1.200 0	1.000 0	0.800 0	1.200 0	1.000 0	0.800 0	0.800 0	0.600 0	1.000 0	0.800 0	0.600 0	0.600 0	0.400 0	0.800 0	0.600 0	1.200 0
B_{12}	1.500 0	1.250 0	1.000 0	1.500 0	1.250 0	1.000 0	1.000 0	0.750 0	1.250 0	1.000 0	0.750 0	0.750 0	0.500 0	1.000 0	0.750 0	1.500 0
B_{13}	1.500 0	1.250 0	1.000 0	1.500 0	1.250 0	1.000 0	1.000 0	0.750 0	1.250 0	1.000 0	0.750 0	0.750 0	0.500 0	1.000 0	0.750 0	1.500 0
B_{14}	2.000 0	1.666 7	1.333 3	2.000 0	1.666 7	1.333 3	1.333 3	1.000 0	1.666 7	1.333 3	1.000 0	1.000 0	0.666 7	1.333 3	1.000 0	2.000 0
B_{15}	1.200 0	1.000 0	0.800 0	1.200 0	1.000 0	0.800 0	0.800 0	0.600 0	1.000 0	0.800 0	0.600 0	0.600 0	0.400 0	0.800 0	0.600 0	1.200 0
B_{16}	1.500 0	1.250 0	1.000 0	1.500 0	1.250 0	1.000 0	1.000 0	0.750 0	1.250 0	1.000 0	0.750 0	0.750 0	0.500 0	1.000 0	0.750 0	1.500 0
B_{17}	2.000 0	1.666 7	1.333 3	2.000 0	1.666 7	1.333 3	1.333 3	1.000 0	1.666 7	1.333 3	1.000 0	1.000 0	0.666 7	1.333 3	1.000 0	2.000 0
B_{18}	2.000 0	1.666 7	1.333 3	2.000 0	1.666 7	1.333 3	1.333 3	1.000 0	1.666 7	1.333 3	1.000 0	1.000 0	0.666 7	1.333 3	1.000 0	2.000 0

续表

A_3	B_7	B_8	B_9	B_{10}	B_{11}	B_{12}	B_{13}	B_{14}	B_{15}	B_{16}	B_{17}	B_{18}	B_{19}	B_{20}	B_{21}	B_{22}
B_{19}	3.000 0	2.500 0	2.000 0	3.000 0	2.500 0	2.000 0	2.000 0	1.500 0	2.500 0	2.000 0	1.500 0	1.500 0	1.000 0	2.000 0	1.500 0	3.000 0
B_{20}	1.500 0	1.250 0	1.000 0	1.500 0	1.250 0	1.000 0	1.000 0	0.750 0	1.250 0	1.000 0	0.750 0	0.750 0	0.500 0	1.000 0	0.750 0	1.500 0
B_{21}	2.000 0	1.666 7	1.333 3	2.000 0	1.666 7	1.333 3	1.333 3	1.000 0	1.666 7	1.333 3	1.000 0	1.000 0	0.666 7	1.333 3	1.000 0	2.000 0
B_{22}	3.000 0	2.500 0	2.000 0	3.000 0	2.500 0	2.000 0	2.000 0	1.500 0	2.500 0	2.000 0	1.500 0	1.500 0	1.000 0	2.000 0	1.500 0	3.000 0
B_{23}	3.000 0	2.500 0	2.000 0	3.000 0	2.500 0	2.000 0	2.000 0	1.500 0	2.500 0	2.000 0	1.500 0	1.500 0	1.000 0	2.000 0	1.500 0	3.000 0
B_{24}	6.000 0	5.000 0	4.000 0	6.000 0	5.000 0	4.000 0	4.000 0	3.000 0	5.000 0	4.000 0	3.000 0	3.000 0	2.000 0	4.000 0	3.000 0	6.000 0
B_{25}	1.500 0	1.250 0	1.000 0	1.500 0	1.250 0	1.000 0	1.000 0	0.750 0	1.250 0	1.000 0	0.750 0	0.750 0	0.500 0	1.000 0	0.750 0	1.500 0
B_{26}	2.000 0	1.666 7	1.333 3	2.000 0	1.666 7	1.333 3	1.333 3	1.000 0	1.666 7	1.333 3	1.000 0	1.000 0	0.666 7	1.333 3	1.000 0	2.000 0
B_{27}	3.000 0	2.500 0	2.000 0	3.000 0	2.500 0	2.000 0	2.000 0	1.500 0	2.500 0	2.000 0	1.500 0	1.500 0	1.000 0	2.000 0	1.500 0	3.000 0
B_{28}	6.000 0	5.000 0	4.000 0	6.000 0	5.000 0	4.000 0	4.000 0	3.000 0	5.000 0	4.000 0	3.000 0	3.000 0	2.000 0	4.000 0	3.000 0	6.000 0
B_{29}	1.500 0	1.250 0	1.000 0	1.500 0	1.250 0	1.000 0	1.000 0	0.750 0	1.250 0	1.000 0	0.750 0	0.750 0	0.500 0	1.000 0	0.750 0	1.500 0
B_{30}	1.500 0	1.250 0	1.000 0	1.500 0	1.250 0	1.000 0	1.000 0	0.750 0	1.250 0	1.000 0	0.750 0	0.750 0	0.500 0	1.000 0	0.750 0	1.500 0
B_{31}	2.000 0	1.666 7	1.333 3	2.000 0	1.666 7	1.333 3	1.333 3	1.000 0	1.666 7	1.333 3	1.000 0	1.000 0	0.666 7	1.333 3	1.000 0	2.000 0
B_{32}	3.000 0	2.500 0	2.000 0	3.000 0	2.500 0	2.000 0	2.000 0	1.500 0	2.500 0	2.000 0	1.500 0	1.500 0	1.000 0	2.000 0	1.500 0	3.000 0
B_{33}	3.000 0	2.500 0	2.000 0	3.000 0	2.500 0	2.000 0	2.000 0	1.500 0	2.500 0	2.000 0	1.500 0	1.500 0	1.000 0	2.000 0	1.500 0	3.000 0
B_{34}	1.500 0	1.250 0	1.000 0	1.500 0	1.250 0	1.000 0	1.000 0	0.750 0	1.250 0	1.000 0	0.750 0	0.750 0	0.500 0	1.000 0	0.750 0	1.500 0
B_{35}	1.000 0	0.833 3	0.666 7	1.000 0	0.833 3	0.666 7	0.666 7	0.500 0	0.833 3	0.666 7	0.500 0	0.500 0	0.333 3	0.666 7	0.500 0	1.000 0
B_{36}	1.200 0	1.000 0	0.800 0	1.200 0	1.000 0	0.800 0	0.800 0	0.600 0	1.000 0	0.800 0	0.600 0	0.600 0	0.400 0	0.800 0	0.600 0	1.200 0
B_{37}	2.000 0	1.666 7	1.333 3	2.000 0	1.666 7	1.333 3	1.333 3	1.000 0	1.666 7	1.333 3	1.000 0	1.000 0	0.666 7	1.333 3	1.000 0	2.000 0
B_{38}	1.500 0	1.250 0	1.000 0	1.500 0	1.250 0	1.000 0	1.000 0	0.750 0	1.250 0	1.000 0	0.750 0	0.750 0	0.500 0	1.000 0	0.750 0	1.500 0
B_{39}	2.000 0	1.666 7	1.333 3	2.000 0	1.666 7	1.333 3	1.333 3	1.000 0	1.666 7	1.333 3	1.000 0	1.000 0	0.666 7	1.333 3	1.000 0	2.000 0
B_{40}	1.000 0	0.833 3	0.666 7	1.000 0	0.833 3	0.666 7	0.666 7	0.500 0	0.833 3	0.666 7	0.500 0	0.500 0	0.333 3	0.666 7	0.500 0	1.000 0

表2　校园文体活动分值判断矩阵（二）

A_3	B_{23}	B_{24}	B_{25}	B_{26}	B_{27}	B_{28}	B_{29}	B_{30}	B_{31}	B_{32}	B_{33}	B_{34}	B_{38}	B_{39}	B_{40}
B_7	0.666 7	0.500 0	0.333 3	0.166 7	0.666 7	0.666 7	0.500 0	0.333 3	0.333 3	0.666 7	1.000 0	0.833 3	0.500 0	0.666 7	0.500 0
B_8	0.800 0	0.600 0	0.400 0	0.200 0	0.800 0	0.800 0	0.600 0	0.400 0	0.400 0	0.800 0	1.200 0	1.000 0	0.600 0	0.800 0	0.600 0
B_9	1.000 0	0.750 0	0.500 0	0.250 0	1.000 0	1.000 0	0.750 0	0.500 0	0.500 0	1.000 0	1.500 0	1.250 0	0.750 0	1.000 0	0.750 0
B_{10}	0.666 7	0.500 0	0.333 3	0.166 7	0.666 7	0.666 7	0.500 0	0.333 3	0.333 3	0.666 7	1.000 0	0.833 3	0.500 0	0.666 7	0.500 0
B_{11}	0.800 0	0.600 0	0.400 0	0.200 0	0.800 0	0.800 0	0.600 0	0.400 0	0.400 0	0.800 0	1.200 0	1.000 0	0.600 0	0.800 0	0.600 0
B_{12}	1.000 0	0.750 0	0.500 0	0.250 0	1.000 0	1.000 0	0.750 0	0.500 0	0.500 0	1.000 0	1.500 0	1.250 0	0.750 0	1.000 0	0.750 0
B_{13}	1.000 0	0.750 0	0.500 0	0.250 0	1.000 0	1.000 0	0.750 0	0.500 0	0.500 0	1.000 0	1.500 0	1.250 0	0.750 0	1.000 0	0.750 0
B_{14}	1.333 3	1.000 0	0.666 7	0.333 3	1.333 3	1.333 3	1.000 0	0.666 7	0.666 7	1.333 3	2.000 0	1.666 7	1.000 0	1.333 3	1.000 0
B_{15}	0.800 0	0.600 0	0.400 0	0.200 0	0.800 0	0.800 0	0.600 0	0.400 0	0.400 0	0.800 0	1.200 0	1.000 0	0.600 0	0.800 0	0.600 0
B_{16}	1.000 0	0.750 0	0.500 0	0.250 0	1.000 0	1.000 0	0.750 0	0.500 0	0.500 0	1.000 0	1.500 0	1.250 0	0.750 0	1.000 0	0.750 0
B_{17}	1.333 3	1.000 0	0.666 7	0.333 3	1.333 3	1.333 3	1.000 0	0.666 7	0.666 7	1.333 3	2.000 0	1.666 7	1.000 0	1.333 3	1.000 0
B_{18}	1.333 3	1.000 0	0.666 7	0.333 3	1.333 3	1.333 3	1.000 0	0.666 7	0.666 7	1.333 3	2.000 0	1.666 7	1.000 0	1.333 3	1.000 0
B_{19}	2.000 0	1.500 0	1.000 0	0.500 0	2.000 0	2.000 0	1.500 0	1.000 0	1.000 0	2.000 0	3.000 0	2.500 0	1.500 0	2.000 0	1.500 0
B_{20}	1.000 0	0.750 0	0.500 0	0.250 0	1.000 0	1.000 0	0.750 0	0.500 0	0.500 0	1.000 0	1.500 0	1.250 0	0.750 0	1.000 0	0.750 0
B_{21}	1.333 3	1.000 0	0.666 7	0.333 3	1.333 3	1.333 3	1.000 0	0.666 7	0.666 7	1.333 3	2.000 0	1.666 7	1.000 0	1.333 3	1.000 0
B_{22}	2.000 0	1.500 0	1.000 0	0.500 0	2.000 0	2.000 0	1.500 0	1.000 0	1.000 0	2.000 0	3.000 0	2.500 0	1.500 0	2.000 0	1.500 0
B_{23}	2.000 0	1.500 0	1.000 0	0.500 0	2.000 0	2.000 0	1.500 0	1.000 0	1.000 0	2.000 0	3.000 0	2.500 0	1.500 0	2.000 0	1.500 0
B_{24}	4.000 0	3.000 0	2.000 0	1.000 0	4.000 0	4.000 0	3.000 0	2.000 0	2.000 0	4.000 0	6.000 0	5.000 0	3.000 0	4.000 0	3.000 0

续表

A_3	B_{23}	B_{24}	B_{25}	B_{26}	B_{27}	B_{28}	B_{29}	B_{30}	B_{31}	B_{32}	B_{33}	B_{34}	B_{38}	B_{39}	B_{40}
B_{25}	1.000 0	0.750 0	0.500 0	0.250 0	1.000 0	1.000 0	0.750 0	0.500 0	0.500 0	1.000 0	1.500 0	1.250 0	0.750 0	1.000 0	0.750 0
B_{26}	1.333 3	1.000 0	0.666 7	0.333 3	1.333 3	1.333 3	1.000 0	0.666 7	0.666 7	1.333 3	2.000 0	1.666 7	1.000 0	1.333 3	1.000 0
B_{27}	2.000 0	1.500 0	1.000 0	0.500 0	2.000 0	2.000 0	1.500 0	1.000 0	1.000 0	2.000 0	3.000 0	2.500 0	1.500 0	2.000 0	1.500 0
B_{28}	4.000 0	3.000 0	2.000 0	1.000 0	4.000 0	4.000 0	3.000 0	2.000 0	2.000 0	4.000 0	6.000 0	5.000 0	3.000 0	4.000 0	3.000 0
B_{29}	1.000 0	0.750 0	0.500 0	0.250 0	1.000 0	1.000 0	0.750 0	0.500 0	0.500 0	1.000 0	1.500 0	1.250 0	0.750 0	1.000 0	0.750 0
B_{30}	1.000 0	0.750 0	0.500 0	0.250 0	1.000 0	1.000 0	0.750 0	0.500 0	0.500 0	1.000 0	1.500 0	1.250 0	0.750 0	1.000 0	0.750 0
B_{31}	1.333 3	1.000 0	0.666 7	0.333 3	1.333 3	1.333 3	1.000 0	0.666 7	0.666 7	1.333 3	2.000 0	1.666 7	1.000 0	1.333 3	1.000 0
B_{32}	2.000 0	1.500 0	1.000 0	0.500 0	2.000 0	2.000 0	1.500 0	1.000 0	1.000 0	2.000 0	3.000 0	2.500 0	1.500 0	2.0000	1.500 0
B_{33}	2.000 0	1.500 0	1.000 0	0.500 0	2.000 0	2.000 0	1.500 0	1.000 0	1.000 0	2.000 0	3.000 0	2.500 0	1.500 0	2.000 0	1.500 0
B_{34}	1.000 0	0.750 0	0.500 0	0.250 0	1.000 0	1.000 0	0.750 0	0.500 0	0.500 0	1.000 0	1.500 0	1.250 0	0.750 0	1.000 0	0.750 0
B_{35}	0.666 7	0.500 0	0.333 3	0.166 7	0.666 7	0.666 7	0.500 0	0.333 3	0.333 3	0.666 7	1.000 0	0.833 3	0.500 0	0.666 7	0.500 0
B_{36}	0.800 0	0.600 0	0.400 0	0.200 0	0.800 0	0.800 0	0.600 0	0.400 0	0.400 0	0.800 0	1.200 0	1.000 0	0.600 0	0.800 0	0.600 0
B_{37}	1.666 7	1.333 3	2.000 0	1.666 7	1.333 3	1.333 3	1.000 0	1.666 7	1.333 3	1.000 0	1.000 0	0.666 7	1.333 3	1.000 0	2.000 0
B_{38}	1.333 3	1.000 0	0.666 7	0.333 3	1.333 3	1.333 3	1.000 0	0.666 7	0.666 7	1.333 3	2.000 0	1.666 7	1.000 0	1.333 3	1.000 0
B_{39}	1.000 0	0.750 0	0.500 0	0.250 0	1.000 0	1.000 0	0.750 0	0.500 0	0.500 0	1.000 0	1.500 0	1.250 0	0.750 0	1.000 0	0.750 0
B_{40}	1.333 3	1.000 0	0.666 7	0.333 3	1.333 3	1.333 3	1.000 0	0.666 7	0.666 7	1.333 3	2.000 0	1.666 7	1.000 0	1.333 3	1.000 0